미국에서 내 아이 잘 키우기

미국에서 내 아이 잘 키우기

에이미 비셋 지음

I'm

Prologue

2003년 미국 땅에 첫발을 내디뎠을 때 나는 자신이 있었다. 이전에도 짧은 해외 생활을 경험한 적이 있었기에 이번에도 잘 적응할 수 있으리라 믿었다. 그러나 그 자신감은 채 한 달도 되지 않아 무너져 내렸다. 언어와 문화의 장벽은 생각보다 높았고, 서울에서 분주하게 살아오며 누렸던 일상의 소중함을 뒤늦게 깨닫게 되었다.

새로운 나라에서의 시작은 언제나 낯설고 어렵다. 모국의 문화를 하루아침에 버릴 수 없고, 그것이 나 자신만의 문제가 아니라 아이들의 선택과도 이어질 때 그 무게는 더 크게 다가온다. 문화의 차이가 아이와 함께 걷는 길에 걸림돌로 다가올 때면 그 부담은 더욱 깊어졌다.

그러나 지난 22년을 돌아보면 낯선 이국 땅에서 아이들을 키우며 보낸 시간들은 결국 나를 성장하게 한 밑거름이었다. 엄마로서, 여성으로서, 한 개인으로서 스스로를 잃기도 하고 다시 찾아가기도 하며 아이들과 함께 배운 순간들은 이제는 소중한 추억으로 남아 있다.

'아이가 유치원에 잘 적응할 수 있을까?', '플레이 데이트는 꼭 필요한 걸까?', '도시락은 어떻게 준비해야 할까?', 'PTA 활동은 아이에게 도움이 될까?' 이런 일상적인 질문 속에서 수없이 시행착오를 겪으며 얻은 배움, 그리고 아이들과 함께 울고 웃으며 쌓아온 시간이 이 책에 담겨 있다.

나의 경험이 전하고 싶은 말은 단순하다.

"고민과 두려움에 싸인 당신은 혼자가 아닙니다."

이 책이 비슷한 길을 걷는 부모들에게 작은 위로와 용기가 되기를, 그리고 아이의 성장과 함께 자신을 발견해가는 모든 엄마들에게 길잡이가 되기를 바란다. 낯선 땅에서 새로운 시작을 한다는 마음은 이미 또 하나의 도전을 향해 나아간 것임을 믿으며.

차례

프롤로그	4

1부
낯선 땅에서 마주한 첫 질문

언어도 식탁도 모두 다른 세상	9
미국 달력 속에서 만난 특별한 날들	17
친구 사귀기의 비밀, 플레이 데이트	30

2부
학교 문 앞에서 배운 용기

유치원 첫날의 눈물과 설렘	45
선생님을 만나는 순간, 부모도 학생이 된다.	52
아메리칸 스타일 도시락에 담긴 문화	60

3부
아이와 함께 성장하는 초등학교

교실 속 엄마의 자리, 'Room Mother'	67
스쿨버스에서 시작되는 또 다른 수업	76
아이의 학교, 부모가 몰랐던 비밀들	84

4부
사춘기와의 대화, 중학교에서 배우는 성장

사춘기 아이의 길 찾기	97
흥미를 수업으로! 미국식 선택의 힘	101
친구일까, 부모일까? 사춘기와의 거리 두기	105

5부
자립을 준비하는 고등학교

미국 아이들은 과외를 어떻게 할까?	121
독립을 배우는 시간	125
졸업으로 향하는 길	129

6부
대학을 향한 동행

미국 고등학교, 선택과 기회의 무대	137
헬리콥터 맘에서 해바라기 엄마로	146
밥해주는 엄마에서 커리어 가진 엄마 되기	153
에필로그	160

1부 | 낯선 땅에서 마주한 첫 질문

언어도 식탁도 모두 다른 세상

미국에서 다시 배운 가족의 풍경

 미국 생활에 잘 적응하기 위해서는 단순히 영어를 잘하는 것만으로는 충분하지 않다. 그 사회의 문화와 방식을 이해하고 받아들일 때 비로소 문화적 차이를 극복할 수 있다. 미국은 다양성과 개인주의를 중시하는 사회다. 상대방의 나이, 외모, 옷차림, 취향, 신념 등을 쉽게 판단하거나 규정하지 않고 오히려 있는 그대로 존중하려는 태도를 보인다. 다른 사람에게 피해를 주는 행동을 극도로 꺼리며 누군가의 특성을 드러내어 말하는 것은 미덕이 아니라고 여긴다. 어려서부터 상대를 존중하는 태도를 배우며 자라기 때문에 가능한 일이다.

 처음 미국에 발을 디디면 이러한 개인주의가 낯설고 불편하게 느껴질 수 있다. 그러나 이런 다양성을 있는 그대로 받아들일 수 있다면 훨씬 빠르게 적응할 수 있다. 미국은 다문화사회라서 다양한 가족문화를 쉽게 접할 수 있는 장점이 있다. 지역에 따라 인도계, 멕시코계 등 특정 문화권 사람들이 많은 곳에서는 오히려 '전형적인 미국식 가족문화'를 정의하기가 쉽지 않다. 미국인들은 각자의 독특한 가족 형태를 있는 그대로 받아들이고, 굳이 의문을 가지지 않는다.

나는 다행히 비교적 빠르게 이곳의 문화에 적응할 수 있었다. 남편의 가족이 모두 가까운 거리에 살고 있었기 때문이다. 처음 미국에 들어왔을 때 가장 먼저 부딪힌 차이는 한국과 전혀 다른 '가족' 개념이었다. 한국에서는 자녀가 결혼과 함께 부모로부터 독립하는 것이 자연스럽지만 이곳에서는, 성인이 되어도 가까이에 살면 주말이나 연휴, 생일, 명절마다 가족 모임을 한다. 우리가 흔히 알고 있는 '개인주의'는 실제 생활에서는 그리 절대적인 모습이 아니었다. 오히려 따뜻하고 정겨운 가족애를 경험할 수 있었다. 매주 주말이면 부모님 댁에 모여 저녁을 함께하고, 특별한 일이 없어도 자연스럽게 모이는 것이 당연한 풍경이다.

내 주변 미국인 친구들은 가족의 생일이나 경조사가 생기면 카드에 25~50달러 정도의 수표를 넣어 보내곤 한다. 크리스마스나 이스터 같은 명절에는 카드와 함께 선물을 포장해 건넨다. 그래서 명절이 다가오면 우체국이 붐비는데, 특히 크리스마스 시즌에는 한 시간 넘게 줄을 서야 할 때도 있다.

미국 가족문화의 또 다른 특징은 자녀의 독립이다. 대부분의 아이들은 만 18세가 되거나 대학에 입학하는 시점에 부모와 떨어져 살기 시작한다. 많은 대학이 신입생에게 기숙사 생활을 의무화하기 때문이기도 하고, 부모 역시 아이들이 독립적인 캠퍼스 생활을 하기를 바라기 때문이다. 대학에 가지 않아도 성인이 되면 자립하는 경우가 많다. 부모의 보호를 당연하게 여기지 않는 문화가 있기 때문이다.

큰아이의 친구들만 보아도 대부분은 다른 주의 대학에 진학해 기숙사에 살거나 가까운 대학이라도 일부러 기숙사 생활을 선택한다. 다만 종교적 이유나 특별한 가족 사정 때문에 집에서 통학하는 경우도 있는데, 이때는 학교로부터 엄격한 허락을 받아야 한다.

또한 만 14세 반이 되면 아르바이트를 시작할 수 있다. 큰아이 역시 자신의 용돈과 기름값은 스스로 번 돈으로 충당한다. 대학생 대부분은 학자금 대출을 받고, 평일 저녁이나 주말에 일을 하며 생활비를 마련한다. 어려서부터 스스로를 책임지는 습관이 몸에 배어 자연스럽게 독립으로 이어지는 셈이다.

그러나 중요한 순간마다 가족은 다시 모인다. 부활절, 땡스기빙, 크리스마스 같은 명절에는 부모와 형제 자매의 집에 모여 함께 시간을 보내는 것을 당연하게 여긴다. 이때는 대부분의 마트와 상점도 문을 닫는다. 단순히 종교적 이유 때문만이 아니라 가족이 함께 시간을 나누는 것을 무엇보다 소중히 여기는 문화 때문이다.

인터넷과 온라인 포털

2003년 처음 미국에 왔을 때, 이곳의 인터넷 환경은 한국과 비교하면 크게 뒤처져 있었다. 인터넷 사용도 휴대전화도 와이파이도 지금처럼 보편화되지 않았고, 구글 검색조차 도시가 아니면 낯설게 느껴졌다. 그때 가장 크게 다가온 차이는 바로 인터넷 사용 방식이었다. 내가 살던 곳에서는 와이파이가 없어서 전화선을 연결해 접속해야 했는데 접속이 자주 끊겨 인터넷 사용을 포기한 날이 셀 수 없이 많았다.

온라인 쇼핑도 지금처럼 활발하지 않았다. 이미 홈쇼핑과 온라인 구매에 익숙했던 한국 생활과 달리 미국은 거대한 땅의 규모 때문에 빠른 배송이 쉽지 않았다. 내가 살고 있던 노스캐롤라이나만 해도 한국의 전체 면적보다 넓었으니 느린 배송이 당연하게 여겨졌다.

그 시절에는 모든 공과금, 카드 사용료, 심지어 은행 수표 주문까지 우편으로 처리해야 했다. 백화점이나 마켓에서도 현금이나 수표만 받는 곳이 많았다. 수표(check)는 금액을 적어 건네면 은행에서 나중에 지불하는 방식이었다. 처음에는 어리둥절했지만 1년쯤 지나니 어느새 적응해 있었다. 지금은 대부분 현금카드와 앱으로 대체되었지만 여전히 가끔은 수표를 쓰던 시절이 그리워진다. 날짜와 금액, 사인을 적어 넣을 때의 묘한 긴장감과 책임감은 독특한 경험이었다.

이제는 한국처럼 미국에서도 인터넷과 스마트폰 없는 생활은 상상하기 어렵다. 아이들의 학교 일정, 숙제, 성적, 선생님과의 소통까지 모두 메시지나 온라인 포털을 통해 이루어진다. 한국 엄마들에게 익숙한 이메일과 웹사이트 사용, 온라인 쇼핑도 이곳에서는 필수적이다.

특히 Amazon, Target, Walmart 같은 온라인 쇼핑몰은 잘 구축되어 있어 누구나 쉽게 이용할 수 있다. 한국과 다른 점은 환불 기간이다. 보통 3주에서 30일까지 넉넉하게 주어지기 때문에 마음에 들지 않는 물건을 손쉽게 반품할 수 있다. 이 점은 미국 생활의 편리한 장점이라 할 수 있다.

팬트리 시스템 (Pantry system) — 왜 미국인들은 식료품을 집에 저장해 둘까?

 대부분의 미국 가정에는 '팬트리(pantry)'라 불리는 식료품 저장 공간이 주방 한쪽에 자리하고 있다. 이곳에는 통조림, 곡류, 냅킨, 간식, 시리얼, 각종 마른 음식 등이 채워져 있다. 땅이 넓고 이동 거리가 먼 미국에서는 장을 자주 보는 대신 한 번에 대량으로 구입해 팬트리에 보관하는 문화가 자리잡았다. Costco나 BJ's 같은 대형 마트에서 세일할 때 대량으로 사두면 경제적일 뿐 아니라 요리 재료와 생필품이 언제나 준비되어 있다는 든든함도 있다.

 미국인 친구들은 팬트리 문화가 오래전부터 있었다고 말한다. 교통이 불편하고 도로가 정비되지 않았던 시절, 눈이 많이 오거나 홍수가 나면 며칠 동안 외출조차 할 수 없었기 때문이다. 태풍이 나무를 쓰러뜨리거나 길을 막아도 집안에 충분한 식료품이 있으면 큰 불편 없이 지낼 수 있었다. 그래서 대부분의 주택은 처음 지을 때부터 팬트리를 설치해왔다. 지금도 교통은 훨씬 편리해졌지만 여전히 집 구조에 팬트리를 포함하는 것이 일반적이다.

집의 크기에 따라 팬트리 공간도 다르다. 큰집일수록 수납공간이 더 넓고 정갈하게 만들어진다. 우리 집은 오븐 옆에 작은 팬트리가 있는데, 보통 다른 가정들처럼 스낵, 밀가루, 쌀, 음료, 마른 미역, 밥통 등을 넣어 두고 필요할 때마다 꺼내 쓴다.

팬트리 문화는 한국 식재료를 구입할 때도 큰 도움이 된다. 내가 처음 미국에 왔을 당시 랄리에는 한국 마트가 차로 30분 거리에 두 곳뿐이었고, 야채와 식료품 가격은 한국의 두 배 이상 비싸서 세일할 때 대량구매를 할 수밖에 없었다. 지금은 대형 H마트가 생겨 라면이나 소스, 간단한 식료품을 예전보다 저렴하게 구입할 수 있지만 세일할 때면 여전히 한두 개 더 사서 팬트리에 채워 넣는다.

특히 라면이나 과자는 아이들이 언제든지 꺼내 먹을 수 있도록 진열해 두곤 한다. 그래서 나는 우리 집 팬트리를 '작은 실용마켓'이라고 부른다. 팬트리는 단순한 저장 공간이 아니라 미국 생활의 방식과 지혜가 담긴 생활 문화라 할 수 있다.

언어의 커다란 장벽

미국에서 생활하다 보면 가장 먼저 부딪히는 것이 언어. 기본적인 회화는 금세 익힐 수 있지만 아이 선생님과의 이메일, 각종 문서와 서류, 숙제 안내, 병원 진료, 학교에서 오는 공지까지 이해하려면 결코 만만치 않다.

나 역시 큰아이가 유치원에 들어갔을 때 매일 오는 메시지에 답장

낯선 도시의 식탁에서도
우리는 금세 서로의 안부를 묻는 사람이 된다.

을 쓰느라 애를 먹었던 기억이 난다. 혹시 내 말이 오해를 사지는 않을까, 내용을 제대로 이해하지 못한 것은 아닐까, 걱정이 꼬리를 물었다. 전문용어나 줄임말이라도 등장하면 순간 위축되어 당황하곤 했던 모습이 지금도 선하다. 그렇다고 언어의 벽을 넘을 수 없는 것은 아니다. 다양한 인종과 문화가 뒤섞인 미국은 표현이 조금 서툴러도 귀기울여 들어주려는 사람들이 많다. 오히려 외국어를 사용하는 용기에 감탄하며 격려해주는 경우도 흔하다. 시간이 지나면 표현은 자연스럽게 늘고 두려움은 줄어든다.

 내가 언어에 조금 더 빨리 적응할 수 있었던 것은 남편과 가족, 그리고 새로운 미국인 친구들의 도움 덕분이었다. 하지만 무엇보다 아이들을 키우면서 생긴 욕심이 컸다. 처음엔 아이들만큼만 읽고 쓰면 좋겠다 싶었는데 아이들이 자라면서 내 기대치도 덩달아 높아졌다.

 그럼에도 언어의 장벽을 넘어서는 데는 오랜 시간이 걸렸다. 큰아이가 두 살이 되었을 때 대학에 편입해 영어에 몰입할 수 있었던 것은 행운이었다. 하지만 꼭 그렇게 하지 않아도 된다. 지역 커뮤니티 칼리지나 도서관, 교회에서는 무료나 저렴한 ESL 수업을 제공한다. 특히 교회는 아이 돌봄 서비스를 함께 운영하는 경우가 있어 어린 아이를 둔 엄마들에게 좋은 기회가 된다.

 중요한 것은 완벽하지 않아도 두려워하지 않는 태도. 틀리더라도 자신 있게 말할 때, 언어는 어느 순간 조금씩 몸에 스며든다. 결국 언어의 벽은 두려움이 만든 그림자일 뿐이다.

미국 달력 속에서 만난 특별한 날들

미국의 명절과 문화 이벤트

 미국에 와서 20년 넘게 지내며 느낀 것은 이곳의 명절과 문화 이벤트는 단순히 하루를 즐기는 날이 아니라는 점이다. 그날의 의미를 배우고 가족과 함께 시간을 보내며 삶의 소중한 기억을 쌓는 기회가 된다. 명절은 아이들에게 단순한 놀이가 아니라 사회성과 공동체 의식을 키워주는 배움의 장이다.

 다양한 인종과 문화가 공존하는 미국에서는 해마다 수많은 명절과 이벤트를 경험할 수 있다. 그 과정에서 친구와 이웃의 문화를 이해하고 존중하는 법을 자연스럽게 배운다. 나에게 아쉬웠던 것은 한국의 설이나 추석을 가족과 함께 보내지 못한다는 점이었다. 그래서 아이들에게만큼은 이곳의 명절을 소홀히 하지 않고 제대로 경험하게 해주고 싶었다. 언젠가 한국에서도 온 가족이 함께 명절을 보낼 날을 바라면서.

 부활절이 오면 에그 헌팅(Egg Hunting)을 준비하고 달걀을 장식했다. 독립기념일에는 마당에서 불꽃놀이를 즐겼다. 핼러윈에는 아이들의 의상을 직접 만들어 입히며 동네를 함께 돌았다. 추수감사절에는 커다란 터키를 구워 가족과 모여 감사의 식탁을 나누었다. 크리스마스가 다가오면 집안 곳곳을 장식하고, 쿠키와 빵을 구워 이웃과 친구들에게 나누어 주었다.

이런 경험을 통해 아이들은 단순히 놀이만 배우는 것이 아니었다. 다른 문화를 이해하는 힘, 함께 나누는 기쁨, 공동체 속에서 살아가는 법을 자연스럽게 익혔다. 나 또한 처음에는 생소하고 어색했지만 해마다 아이들과 함께 준비하며 배워갈 수 있었다.

부활절 (Easter)

미국에서의 부활절은 한국에서 경험하는 교회의 예배 분위기와는 사뭇 다르다. 교회와 공원 곳곳에서 열리는 에그 헌팅(Easter Egg Hunt) 이벤트는 종교적 의미와 더불어 봄을 알리는 축제로 자리잡고 있다. 부활절이 다가오면 상점마다 알록달록한 달걀 모양 장식, 토끼 인형, 파스텔 톤의 장식품들이 가득 진열되고, 아이들은 들뜬 마음으로 기다리게 된다.

작은 바스켓을 든 아이들이 풀밭과 나무 사이를 뛰어다니며 숨겨진 달걀을 찾을 때마다 환호성을 지르는 모습은 보는 이들까지 미소 짓게 한다. 아가일 때는 부모가 함께 손을 잡고 달걀을 찾아주는데 그 작은 손에 달걀 하나를 쥐었을 때의 환한 웃음은 지금도 특별한 추억으로 남아 있다. 미국에서는 Good Friday가 부활절 직전의 공

한 알을 찾을 때마다
아이는 조금 더 밝아지고
세상은 둥글어진다.

휴일이어서 학교도 문을 닫는다. 그래서 많은 가족들이 함께 시간을 보내며 공동체와 연결되는 경험을 한다.

특히 기억에 남는 순간은 큰아이가 네 살이었을 때다. 집 뒷마당에 무려 300개의 플라스틱 달걀을 숨겨놓고 또래 아이들을 초대해 작은 에그 헌팅 파티를 열었다. 아이들은 예쁘게 차려 입고 모여 서로 바스켓을 자랑하며 즐거워했고, 달걀을 다 찾은 뒤에는 테이블과 의자를 마련해 함께 간식을 나누며 만들기 활동(Activity & Crafting Time)을 하기도 했다. 엄마들은 모여서 수다를 나누고, 아이들의 만들기를 도와주며 자연스럽게 가까워졌다. 쿠키, 음료, 케이크 같은 간식을 나누는 소박한 시간 속에서 이웃과 엄마들 사이의 관계도 한 층 따뜻해졌다.

이처럼 부활절은 아이들에게는 놀이와 축제의 경험이자 부모에게는 이웃과 연결되고 공동체에 스며드는 통로였다. 그래서 봄이 다가오면 아이들이 가장 먼저 떠올리는 명절 중 하나가 바로 부활절이다.

미국 독립기념일 (Independence Day)

7월 4일은 미국에서 가장 큰 축제 중 하나인 독립기념일이다. 도시마다 퍼레이드가 열리고, 해가 저물 즈음이면 밤하늘을 수놓는 불꽃놀이가 시작된다. 내가 사는 지역에서는 근처의 페어그라운드(Fair Ground)에서 대규모 불꽃놀이가 펼쳐지는데 가족 단위로 모여 저녁부터 자리를 잡고 즐기는 모습이 하나의 풍경처럼 익숙하다.

　아이들이 어렸을 적 우리는 불꽃놀이 패키지를 사서 집 앞 차고 앞마당에서 작은 축제를 열곤 했다. 저녁식사를 마친 뒤 접이식 의자를 꺼내어 앉고, 어둠이 내리기 시작하면 불꽃을 하나씩 피웠다. 아이들은 직접 손에 작은 불꽃을 들고 반짝일 때마다 환호성을 지르며 마당을 뛰어다녔다. 그때 들리던 웃음소리와 반짝이던 불꽃의 잔상은 아직도 생생하게 남아 있다.

　독립기념일은 단순히 불꽃놀이의 날만은 아니다. 가족과 친구들이 한자리에 모여 뒷마당에서 바비큐를 굽고, 그동안의 이야기를 나누며 기쁨과 슬픔을 함께 나누는 날이다. 아이들은 이런 시간을 통해 단순히 즐거움뿐 아니라 공동체의 일원으로 살아가는 자부심을 배우게 된다.

　불꽃이 밤하늘에 터져 오르던 순간 아이들의 눈빛 속에는 그 자부심과 설렘이 동시에 담겨 있었다. 독립기념일은 그렇게 아이들의 기억 속에, 또 부모의 마음 속에 오래도록 남는 특별한 날이다.

핼러윈 (Halloween)

　핼러윈은 아이들이 크리스마스 다음으로 손꼽아 기다리는 날이다. 좋아하는 캐릭터의 옷을 입고 이웃집 초인종을 누른 뒤, 문이 열리기를 기다렸다가 "트릭 오어 트릿!(Trick or Treat!)"을 외치는 순간, 아이들의 얼굴은 기대감으로 반짝인다. 대부분의 이웃들은 미소로 아이들을 맞으며 포장된 사탕이나 과자를 건네주고, 아이들은 그것을 바스켓에 모아 집으로 돌아와 조금씩 아껴 먹곤 한다.

아이들이 어렸을 때는 남편과 내가 번갈아 동네를 함께 돌며 이웃들에게 인사를 나눴다. 반대로 우리 집 초인종이 울릴 때면 반가운 마음으로 문을 열고 사탕을 내밀었다. 그 순간 아이들의 기발한 분장과 독창적인 의상을 보고 감탄하고 깜짝 놀라기도 했던 기억이 지금도 선하다. 가끔은 나 역시 핼러윈 의상을 입고 아이들을 맞이했는데 방문한 아이들이 무척 즐거워했던 모습이 마음에 남아 있다.

특히 기억나는 것은 아이들 의상을 직접 만들었던 일이다. 미국에 와서 배운 퀼트 취미 덕분에 매년 아이들을 위해 의상을 지어주었는데, 사실은 스토어에서 사는 것보다 비용이 더 들었다. 그럼에도 불구하고 아이들이 엄마가 만들어준 옷을 입고 즐거워하는 모습을 보면서 큰 보람을 느꼈다. 지금 그 의상들은 박스에 잘 보관되어 있다. 언젠가 아이들이 성인이 되었을 때 좋은 추억으로 돌려주고 싶다.

무엇보다 강조하고 싶은 것은 미국에서의 아이들을 위한 핼러윈은 한국에서 종종 오해되는 파티 문화와는 다르다는 점이다. 이는 단순히 사탕을 얻는 날이 아니라 아이들이 이웃과 자연스럽게 연결되고 공동체 속에서 사회성을 배우는 소중한 기회다.

땡스기빙 (Thanksgiving)

땡스기빙은 원래 17세기 영국 청교도(Pilgrims)들이 미국에 정착하

호박 바구니가 무거워질수록
아이들의 밤은 더 달콤해진다.

올해의 무게를 내려놓고
감사의 한 숟갈로 서로를 덥힌다.

며 맞이한 첫 수확을 원주민들과 나누던 축제에서 비롯되었다. 오랜 세월이 흐른 뒤, 1863년 링컨 대통령이 이를 미국의 공식 국경일로 선포하면서 전국적인 명절이 되었고, 지금은 미국 가정에서 가장 중요한 전통 중 하나로 자리 잡았다.

 오늘날의 땡스기빙은 가족이 함께 모여 감사의 마음을 나누는 날이다. 저녁 식탁에 둘러앉아 식사를 시작하기 전 함께 기도를 올리며 "오늘 이렇게 모일 수 있음에 감사하다"는 말을 나누고, 아이들에게도 감사의 의미를 알려준다. 오랜만에 모인 가족들은 도란도란 이야기를 나눈다.

 우리 집에서도 늘 25파운드쯤 되는 칠면조를 구워냈다. 크랜베리 소스, 그린빈, 호박파이, 햄, 고구마 캐서롤, 으깬 감자 같은 전통 메뉴들이 식탁을 채웠다. 칠면조는 오븐에서 4시간에서 5시간 반 동안 구워야 하기에 보통 이틀 전부터 준비가 시작된다. 온 가족이 함께 요리를 나누어 맡고, 주방에서 풍기는 냄새 속에 웃음이 오가는 순간은 늘 따뜻하게 기억된다.

 식사가 끝나면 게임을 하거나 함께 시간을 보내기도 하고, 때로는 백화점으로 크리스마스 쇼핑을 나가기도 한다. 바로 다음날이 미국 최대의 쇼핑 행사인 '블랙 프라이데이(Black Friday)'이기 때문이다. 아이들은 사촌들과 함께 어울리며 즐거운 하루를 보내고, 부모들은 가족과 함께 모일 수 있음에 감사함을 다시금 느낀다.

 땡스기빙은 그래서 단순한 명절이 아니라 가족의 의미를 새롭게 되새기고 서로의 마음을 확인하는 가장 따뜻한 날이라 할 수 있다.

크리스마스 (Christmas)

크리스마스는 우리 가족이 1년 중 가장 기다리는 명절이다. 하루를 기념하는 것을 넘어 집안 가득 따뜻함과 설렘이 스며드는 계절이기 때문이다.

땡스기빙이 지나면 라디오에서는 끊임없이 캐럴이 흘러나오고, 쇼핑몰과 거리 곳곳이 크리스마스 분위기로 물든다. 아이들은 산타를 기다리며 선물 리스트를 만들고, 집안을 돌아다니는 엘프(Elf)를 보며 신기해한다. 엘프에게 잘 보이려고 일찍 자고 일찍 일어나던 아이들의 귀여운 모습이 지금도 선명하다.

우리 집은 땡스기빙 며칠 뒤부터 본격적으로 크리스마스 준비에 들어간다. 해마다 조금씩 모아둔 장식품들이 어느새 새 집을 가득 채우고도 남을 만큼 많아졌다. 트리 위에 별을 다는 작은 의식, 쿠키를 굽고 선물을 포장하며 웃던 순간들은 아이들과 함께한 가장 소중한 추억으로 남았다. 아이들이 어렸을 땐 크리스마스 아침마다 계단을 뛰어내려와 "산타가 선물 주고 갔어!"라고 소리치던 모습이 행복 그 자체였다. 이제는 다 자라 장식과 뒷정리를 도와주는 든든한 조력자가 되었지만 여전히 그날의 따뜻함은 변하지 않는다.

크리스마스 아침은 늘 아이들의 환호로 시작되었다. 선물을 뜯는 시간은 고작 한 시간이지만 선물을 고르고 포장하던 시간들을 떠올

산타의 품에서 웃음이 번지고
상자 속엔 선물보다
기다림이 먼저 들어 있다.

리면 그 한 시간이 얼마나 짧게 느껴지는지 모른다. 간단히 브런치를 마친 뒤에는 늘 가족 모임이 이어졌다. 선물과 음식을 챙겨 아이들의 조부모나 친척 집을 찾아가 하루 종일 함께 지내며 선물 교환과 저녁 식사를 나누는 것이다. 저녁 식탁에는 햄, 터키, 밥, 야채, 그리고 다양한 디저트가 빠지지 않는다.

  학교는 크리스마스를 기점으로 새해까지 겨울방학에 들어가고, 대부분의 회사도 휴가를 주기 때문에 이 시기에는 가족과 긴 시간을 함께할 수 있다. 타지에 있던 가족들이 모여 한 해를 정리하고 새해를 맞이하는 시간은 무엇과도 바꿀 수 없는 축복이다.

  또한 미국의 쇼핑 문화도 크리스마스와 떼려야 뗄 수 없다. 선물 교환이 활발한 만큼 환불과 교환이 자연스럽게 이루어지고, 크리스마스 직후에는 상점마다 50~75% 세일이 시작된다. 나 역시 이 시기를 기다렸다가 필요한 물건을 장만하곤 한다.

  우리 가족에게 크리스마스는 함께 모여 감사하고 나누는 삶의 방식이자 한 해를 마무리하는 가장 빛나는 시간이다.

친구 사귀기의 비밀, 플레이 데이트

플레이 데이트(play date)와 친구 만들기

아이의 성장에서 친구는 단순한 놀이 상대를 넘어 사회성을 배우고 자아를 형성하는 데 큰 영향을 미친다. 그러나 이민 초기의 아이들에게 친구를 사귄다는 것은 결코 쉽지 않다. 낯선 언어와 문화 속에서 아이는 위축되기 쉽고, 부모는 그런 모습을 보며 답답함을 느끼기도 한다.

하지만 시선을 조금만 달리해보면 아이의 친구는 곧 엄마의 친구로 이어지는 다리가 될 수 있다. 아이가 사귄 친구의 부모와 자연스럽게 교류하면서 서로 다른 문화를 이해하고 존중하는 경험을 쌓게 되고, 낯설게만 느껴지던 관계도 아이를 매개로 이어지며 점차 신뢰와 우정으로 깊어진다.

미국 부모들이 자주 활용하는 방법 중 하나가 '플레이 데이트(Play Date)'다. 아이와 아이가 만나 함께 놀 시간을 정하고 부모가 교대로 아이를 돌보며 교류하는 방식이다. 놀이 속에서 아이들은 또래와 어울리는 법을 배우고 부모는 대화를 나누며 새로운 관계를 쌓는다.

낯섦도 미끄러져 내리고
웃음만 남는다.

지역도서관의 어린이 프로그램이나 아트센터 수업 또한 아이가 친구를 사귀기에 좋은 기회다. 책을 읽고 만들기를 하거나 미술·음악 활동을 함께하면서 아이들은 공통의 경험을 공유하고, 그것이 곧 우정의 씨앗이 된다.

플레이 데이트는 보통 2주~한 달에 한 번 정도, 서로의 집을 돌아가며 혹은 도서관·공원·실내 놀이터·박물관 같은 공공장소에서 열린다. 아이 나이와 상황에 따라 1~2시간 정도 함께 시간을 보내고, 가까워지면 간식이나 점심까지 나누기도 한다. 때로는 친밀한 관계로 발전해 서로 아이를 돌봐주는 경우도 있다. 아이와 엄마 모두에게 새로운 친구를 만들어주는 좋은 기회가 되는 것이다.

한국 엄마들이 자주 묻는 질문이 있다.

"왜 미국 엄마들은 한 달 전에 약속을 잡으려 하나요?"

"다음에 만나자고 했는데 왜 연락이 없을까요?"

이는 문화 차이에서 비롯된다. 미국 엄마들은 여유 있게 약속을 잡는 것을 원칙으로 삼는다. 따라서 2주~한 달 전에 날짜와 시간을 미리 정하는 경우가 많다. 이때는 간단한 문자나 이메일로 이렇게 말하면 된다.

"Would you like to schedule a play date sometime? Let me know what you think."

"Our kids seem to get along pretty well. Would you like to set up a play date?"

짧지만 명확한 표현이기에 대부분 긍정적인 답을 받는다. 물론 이후에도 예상치 못한 사정으로 만남이 이어지지 않을 수도 있다. 가족이 아프거나 갑자기 직장을 다니게 되는 경우, 혹은 다른 그룹과의 약속이 겹치는 경우도 있기 때문이다. 심지어 연락처를 잊어버리는 경우도 있으니 날짜와 시간이 확정되었을 때가 진짜 약속이라 생각하는 편이 안전하다.

만난 뒤 일주일쯤 지나 이렇게 간단히 안부를 묻는 것도 좋은 방법이다.

"Hello, it was very nice to meet you the other day. Would you like to get together sometime soon?"

상대방의 연락을 기다리기보다 먼저 다가가는 것이 좋다. 그렇게 플레이 데이트를 계획하다 보면 아이뿐 아니라 엄마도 친구를 만들 수 있다. 언어를 배우는 것만큼이나 마음을 나누는 것이 낯선 미국 생활에 큰 힘이 되어주기 때문이다.

엄마랑 아이랑 도서관 가기

미국의 공공도서관은 단순히 책만 빌리는 곳이 아니다. 영유아와 초등학생을 둔 부모를 위한 다양한 무료 프로그램이 마련되어 있고, 도서관 카드는 간단한 절차로 쉽게 발급받을 수 있다. 아이들에게 자연스럽게 친구를 만들어주고 싶은 부모라면 꼭 활용해볼 만하다.

특히 스토리타임(Story Time)은 도서관 직원이 책을 읽어주며 동

무릎 위에 펼친 공방
상상은 여기서 형태를 얻는다.

요와 함께 율동할 수 있는 시간이다. 또 뮤직 앤 무브먼트(Music & Movement) 프로그램에서는 음악에 맞춰 몸을 움직이며 즐거운 시간을 보낼 수 있다. 여기에 간단한 만들기 활동(Craft Time)까지 곁들여져 있어 매주 다양한 주제와 방식으로 아이들이 책과 놀이를 함께 접할 수 있다. 정기적으로 참여하다 보면 자연스럽게 또래 친구를 사귀고 부모들끼리도 교류의 기회를 얻게 된다.

큰아이가 생후 세 달쯤 되었을 때 처음으로 도서관 스토리타임에 참여했다. 그곳에서 영국인 친구 크리스티나와 그녀의 아들 와이어트를 만났는데, 두 아기가 함께 노는 모습이 얼마나 귀여웠는지 아직도 기억난다. 두세 번 도서관에서 마주친 뒤 자연스럽게 친구가 되었고, 이후에는 크리스티나의 집에 모여 시간을 보내곤 했다. 아이들 생일이 한 달 차이여서 성장 과정도 비슷했고 좋아하는 장난감까지 비슷해 5개월 무렵부터는 서로 장난감을 바꿔가며 놀게 했다. 시간이 흐르면서 필요할 때 서로의 아이를 봐주기도 했고, 작은 파티를 함께 열기도 했다. 그렇게 쌓은 인연 덕분에 나는 더 많은 미국 친구들을 알게 되었고, 아이들 또래 그룹과 함께하는 플레이 데이트로까지 이어졌다.

도서관은 아이뿐 아니라 엄마에게도 소중한 공간이다. 아이는 자연스레 사회성과 영어 능력을 기를 수 있다. 나는 같은 지역의 부모들과 교류하며 언어와 문화에 더 익숙해졌다. 처음에는 어색했던 인사도 자주 만나면서 반가움으로 바뀌었다. 아이가 있었기에 오히려 친구를 사귀기가 더 편했다는 생각도 든다.

무엇보다 도서관은 미국식 표현과 억양에 익숙해지는 데 큰 도움이 되었다. 새로운 환경에 적응하는 과정에서 부담 없이 참여할 수 있는 좋은 출발점이었다. 세부적인 프로그램 일정은 각 도서관 웹사이트에서 확인하거나 직접 방문해 안내를 받을 수 있다. 아이와 함께 미국 생활을 시작하는 부모라면 꼭 활용해 보기를 권한다.

공원 커뮤니티 센터 (Park & Recreation Center) / 아트센터 (Community Art Center)

공원 커뮤니티 센터나 아트센터는 공공기관에서 운영하기 때문에 대부분의 프로그램이 무료이거나 저렴하다. 또래 아이들과 자연스럽게 친구가 될 수 있다는 점에서 큰 장점이 있다. 같은 프로그램에 꾸준히 참여하다 보면 아이들은 서로에게 익숙해지고, 엄마들 또한 다른 부모들과 친해질 기회를 갖게 된다. 간단한 인사로 시작해 육아나 학교 정보를 나누면서 교류가 이어지곤 한다. 프로그램이 끝난 후에는 놀이터에서 아이들을 함께 놀게 하거나 점심을 함께 먹으러 가는 모습도 흔히 볼 수 있다. 나 역시 이런 프로그램들을 통해 소속감을 느끼고, 새로운 친구들을 사귈 수 있었다.

센터마다 다르지만 보통 운영되는 프로그램은 다음과 같다.

> 미술 프로그램(그리기, 만들기)
>
> 영유아 체조, 요가, 발레, 태권도
>
> 청소년을 위한 축구, 농구, 배구
>
> 계절별 자연 관찰 프로그램

  이런 프로그램들은 보통 4주에서 8주간 진행되며 계절에 따라 내용이 달라진다. 대부분 선착순으로 등록하기 때문에 인기 있는 수업은 몇 달 전 미리 신청하는 것이 좋다.

  첫 수업 날은 조금 일찍 도착하는 것이 좋다. 아이와 함께 선생님에게 인사할 기회가 생기기도 하고 다른 아이들과 부모들을 만날 수 있는 좋은 시간이 되기 때문이다. 영어가 부담스럽다면 가볍게 눈인사만 나누어도 괜찮다. 미소로 교감을 시작하면 친구를 만들기가 훨씬 쉬워진다.

  또한 수업이 끝난 후 아이에게 "오늘 수업이 재미있었니?"라고 물어보자. 아이가 무엇을 좋아하고 흥미로워하는지를 알게 되면 다음 프로그램을 선택할 때 큰 도움이 된다. 프로그램에 관한 더 자세한 정보는 각 지역 센터 웹사이트에서 확인할 수 있다.

여름방학 프로그램

미국의 여름방학은 한국과 달리 약 10주 정도로 길다. 보통 6월 중순에서 시작해 8월 말 새 학년을 맞는다. 이 기간 동안 많은 학생들이 여름 캠프에 참여하는데 부모가 일을 하기 때문이기도 하고, 집에서만 지내는 것보다 평소에 하지 못했던 활동을 배우고 경험할 수 있기 때문이다.

여름캠프는 아래와 같이 다양하다.

예술 캠프	- 음악, 연극, 미술, 오케스트라 등 학교나 음악 단체 주관
독서·읽기 캠프	- 주로 대학이나 학교 주관
자연관찰 체험 캠프	- 공원, 박물관, 사설 체험 캠프 주관
스포츠 캠프	- 수영, 축구, 농구, 체조, 아이스하키 등, YMCA나 사설 스포츠 센터 주관
STEM 캠프	- 컴퓨터 코딩, 과학, 로봇 등, 학교나 대학, 사설 학원 주관
신앙 캠프	- 교회에서 운영하는 여름 신앙 캠프

캠프 등록은 빠르면 1월부터 3월 사이에 시작되며, 인기가 많은 프로그램은 금방 마감되므로 서둘러야 한다. 가격도 무료부터 상당히

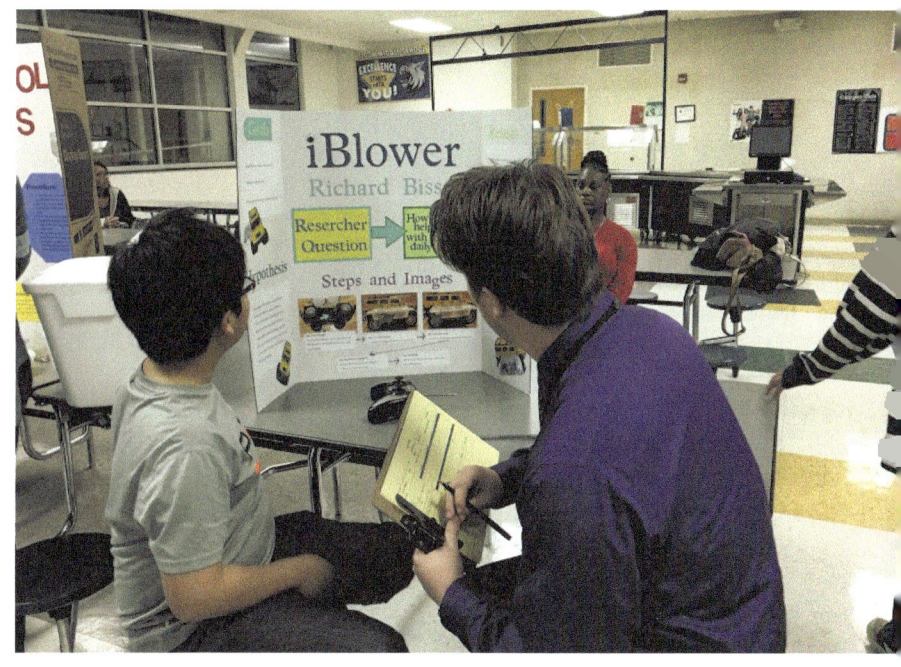

선생님은 묻고 아이는 설명한다.
답하는 사이에 성장도 커졌다.

비싼 프로그램까지 다양하다. 정부 지원이나 지역 도서관을 통한 무료 또는 저렴한 프로그램도 있으니 알아보면 좋다.

일부 프로그램에는 점심이나 간식이 포함되지만 대부분은 아이가 직접 준비해야 하므로 미리 확인할 필요가 있다. 종일반(Full day)과 오전반(Half day)으로 나뉘는 경우가 많고, 일하는 부모를 위해 방과 후 돌봄 프로그램을 제공하는 곳도 있다. 같은 학교 친구가 다니는 캠프를 선택하면 아이가 더 쉽게 적응하고 친밀한 관계를 만들 수 있다. 데려다주고 데려오는 시간에 다른 엄마들과 자연스럽게 대화를 나누면 새로운 관계를 만들 기회가 생긴다. 첫날은 아이가 긴장할 수 있으니 미리 함께 방문해 둘러보게 하면 적응에 도움이 된다.

큰아이는 초등학교 시절 여름방학 동안 태권도, 수영, 골프, 과학탐험, 글쓰기 프로그램 등에 참여했고, 둘째는 수영, 태권도, 음악을 배웠다. 해마다 다른 프로그램을 들으며 새로운 경험을 했고, 친구를 사귀는 즐거움도 컸다. 둘째가 수영을 배우던 시절 만난 친구 덕분에 수영을 싫어하던 아이가 오히려 수영 날을 기다리게 된 적도 있다. 학교는 달랐지만 또래라 금세 가까워졌고, 자연스럽게 부모들도 인사하며 친해졌다.

미국의 여름방학은 이렇게 길지만 겨울방학은 열흘 남짓 짧다. 그래서 여름캠프는 아이들에게 사회성과 흥미를 키우고 부모에게는 새로운 관계망을 만들어주는 중요한 기회가 된다.

생일 파티

 미국 아이들에게 생일파티는 사회성을 배우는 중요한 사교 모임이라 할 수 있다. 보통 파티는 3~4주 전에 초대장을 보내며, 참석 여부(RSVP)를 받아 누가 오는지 확인한다. 예전에는 직접 만든 카드나 우편으로 초대장을 보내거나 반 친구들에게 선생님을 통해 전달했지만 요즘은 e-card나 휴대폰 메시지를 통해 간단히 주고받는다. 나 역시 아이들의 생일마다 초대장을 직접 만들어 보냈는데 아이들과 함께 도안을 고르고 사진을 붙이던 시간이 그리운 추억으로 남아 있다.

 초대장을 보낸 뒤에는 '굿디백(Goodie Bag)'이라는 작은 선물을 준비한다. 이는 아이들이 가져온 선물에 대한 감사의 표현이자 함께 해 준 것에 대한 작은 보답이다. 파티 장소는 집, 공원, 트램폴린 센터, 박물관, 식당, 놀이시설, 수영장 등 다양하다. 아이가 어릴수록 부모가 함께 오는 경우가 많아 엄마들끼리 자연스럽게 친해질 수 있는 기회가 되기도 한다.

 우리 집 큰아이는 8월생이라 한여름 더위 속에서 집에서 파티를 열기 어려워 주로 놀이센터, 태권도장, 박물관 등에서 파티를 했다. 대부분의 파티는 주말 오후에 열리며, 아이는 생일을 계기로 친구들과 한층 가까워질 수 있는 시간을 갖는다. 미국에서 생일파티에 초대받으면 반드시 참석 여부를 알려주는 것이 중요하다. 사전 통보 없이 나타나면 주최한 부모가 난감해할 수 있기 때문이다. 영어가 서툴더

초대장은 "너와 함께 놀고 싶어"라는
가장 다정한 신호다.

라도 아이가 "Happy Birthday!" 한 마디만 건네도 훨씬 따뜻한 분위기가 만들어진다.

둘째는 집에서 파티를 하기를 좋아했다. 손이 많이 갔지만 아이가 행복해하는 모습에 늘 보람을 느꼈다. 집으로 페이스페인팅 전문가를 초대해 아이들이 얼굴에 그림을 그려보게 하거나, '프린세스 티 파티'를 열어 작은 티컵과 예쁜 테이블 세팅으로 특별한 시간을 만들기도 했다. 둘째의 생일이 10월이라 핼러윈 시즌과 겹쳐서 아이들이 핼러윈 복장을 하고 파티에 참여했던 기억도 즐겁게 남아 있다.

아이들의 생일파티는 크고 거창하지 않아도 된다. 가까운 공원에서 케이크와 간식을 나누며 함께 뛰어놀게 하는 것만으로도 아이들은 충분히 친밀해질 수 있다. 생일파티는 아이가 새로운 환경과 문화에 자연스럽게 스며들도록 돕는 연결고리가 된다. 꼭 직접 파티를 열지 않더라도 아이가 초대받는 자리에는 참여하도록 도와주면 된다. 그 경험이 아이에게는 친구를 사귀고 사회성을 키우는 값진 기회가 되기 때문이다.

2부 | 학교 문 앞에서 배운 용기

유치원 첫날의 눈물과 설렘

프리스쿨이란 무엇일까

미국의 프리스쿨(Preschool)은 아이가 초등학교인 킨더가든에 들어가기 전, 기본 단어와 문장을 배우고 학교생활에 필요한 예절과 습관을 익히는 곳이다. 보통 오전 9시에 시작해 12시 반이나 1시 15분쯤 마치며, 4세 이상 아이들은 점심시간이 포함된다.

프로그램은 주 2회, 3회, 5회 등으로 다양하며, 간식 시간·휴식 시간·화장실 시간이 정해져 있다. 정해진 시간에 먹고 쉬는 습관을 들이게 하려는 목적이다. 아이들이 특히 좋아하는 시간은 스토리타임(Story Time)과 노래·율동(Music & Movement) 시간으로, 자연스럽게 또래와 어울리고 친구를 만들 기회를 준다.

대부분의 프리스쿨은 사립으로 운영되며, 교회나 지역 커뮤니티 기관에서 많이 맡는다. 공립 프리스쿨은 저소득층이나 언어·발달 지연이 있는 아이들에게 무료로 제공되는데 별도의 서류심사를 거쳐야 입학할 수 있다. 프리스쿨은 아이의 사회성 발달에 큰 도움이 될 뿐 아니라 집에서 한국어만 쓰던 아이들에게 영어 능력을 키워주는 중요한 통로가 되기도 한다.

첫날의 기억

큰아이를 프리스쿨에 보낸 건 만 두 살이 막 지났을 때였다. 첫날 아침, 아이를 교실 앞에 세워두고 돌아서려는데 발걸음이 떨어지지 않았다. 선생님께 아이를 맡기는 짧은 인사 시간이었지만 울음을 터뜨리며 매달리는 아이를 떼어놓고 건물을 나설 때의 먹먹함은 지금도 생생하다. 세 시간이 열 시간처럼 길게 느껴졌던 순간이었다.

하지만 놀랍게도 세 번째쯤 되는 날부터 아이는 금세 적응하기 시작했다. 교실 문이 닫히는 순간 울음을 그치더니 곧 또래 아이들과 어울려 놀고 간식을 먹고 잠도 잘 자는 모습으로 바뀌었다. 당시 반은 8명의 아이와 2명의 선생님이 함께했는데, 정해진 시간 안에서 아이들이 자연스럽게 규칙을 배우고 생활에 적응할 수 있도록 운영되고 있었다.

간식 시간이 특히 인상적이었다. 보통 두 살짜리 아이들이 간식을 들고 뛰어다니거나 놀다 말다 하는 일이 흔한데 이곳에서는 10분 안에 다 먹지 못하면 바로 치워버렸다. 덕분에 아이는 금세 습관을 익혀 정해진 시간에 먹고, 필요한 일은 혼자 해내기 시작했다.

짧은 기간이었지만 그 속도는 놀라웠다. 혼자 화장실을 가고, 음식을 남기지 않고 먹으며, 또래와 어울려 노는 모습은 '아이가 이렇게 성장해가는구나' 하는 감동을 주었다.

돌이켜보면 어린 나이에 프리스쿨을 보낸 것이 참 잘한 선택이었다. 아이가 울고 웃으며 적응해가는 모습은 부모에게도 큰 용기를 주었고, 무엇보다 '아이의 세상'이 집을 넘어 사회로 확장되는 순간을 함께할 수 있었던 소중한 경험이었다.

유치원 생활이 재미있다고요?

프리스쿨은 단순히 알파벳을 배우고 말하기·쓰기 연습을 하는 곳이 아니다. 아이들은 여기서 학교 규칙을 익히고, 자신의 차례를 기다리는 법을 배우며, 감정을 조절하는 방법을 경험한다. 선생님들은 놀이와 활동을 통해 단어를 즐겁게 배우게 하고, 발표 능력을 키워주며, 서로에 대한 예의와 올바른 행동을 자연스럽게 체득하도록 돕는다.

특히 기억에 남는 것은 'Show and Tell' 시간이었다. 일주일에 한 명씩 돌아가며 자신이 좋아하는 책, 장난감, 음식 등을 소개하는 시간이다. 처음에는 수줍어하던 아이가 차례를 기다리며 즐겁게 준비하는 모습을 보았을 때, 부모로서 얼마나 대견하고 사랑스러웠는지 모른다. 발표는 아이의 자신감을 키우고 또래와의 관계를 넓히는 중요한 배움이었다.

아이들이 다니던 프리스쿨의 선생님들은 늘 웃는 얼굴로 아이들을 칭찬하며 격려했다. 조용히 책을 읽고 싶어하는 아이를 위해서는 작은 공간을 마련해 주었고, 활동적인 아이들에게는 신나게 떠들며 읽

작은 가면 뒤에서
용기라는 얼굴이 자란다.

을 수 있는 환경을 만들어 주었다. 무엇보다도 매일 아이들의 활동을 기록해 집으로 보내주었는데, 이는 부모에게 큰 도움이 되었다. 아이가 하루를 어떻게 보냈는지, 어떤 부분을 도와주어야 하는지 구체적으로 알려주어 집에서도 자연스럽게 이어지는 배움의 시간을 가질 수 있었기 때문이다.

이 시기는 알파벳에서 시작해 문장과 숫자로 확장되는 중요한 학습 시기다. 영어가 서툴다고 느끼던 나에게는 아이와 함께 영어를 배우는 기회가 되었다. 아이가 새로운 환경에 적응하며 독립성과 자아를 키워가는 동안 부모 역시 그 과정 속에서 배우고 성장할 수 있었던 것이다.

프리스쿨은 아이의 첫 사회생활이 시작되는 무대이자 부모에게도 용기와 배움을 안겨주는 소중한 자리였다.

새로운 친구가 생겼어요.

프리스쿨을 시작한 지 한 달이 채 되지 않았을 무렵, 아이는 드디어 '친구'라는 단어를 입에 담기 시작했다. 좋아하는 장난감을 함께 나누며 놀았다는 말 한마디에 그동안 품어왔던 수많은 걱정이 눈 녹듯 사라졌다.

태어나 처음으로 엄마와 떨어져 낯선 교실에 들어갔던 두 살 아이가 이제는 친구와 웃으며 어울리기 시작한다니 그 모습이 얼마나 대견하고 사랑스러웠는지 모른다.

아이를 픽업할 때마다 나는 늘 같은 질문을 던졌다.

"오늘은 누구랑 놀았어?"

"어떤 놀이가 제일 재미있었어?"

사소해 보이는 이 질문은 사실 아이에게 하루를 되돌아보게 하고, 엄마에게는 아이의 관심사와 친밀한 친구를 알게 해주는 소중한 시간이었다. 나중에 돌이켜 보니 이 단순한 질문은 아이들이 고등학교를 졸업하고 대학에 들어갈 때까지 이어진 우리 가족만의 작은 의식이 되어 있었다.

아이에게 친구는 세상을 배우는 또 하나의 교과서다. 엄마의 관심은 그 친구 관계를 더욱 깊어지게 만들고, 나아가 프리스쿨 밖에서도 만날 수 있도록 이어주는 다리가 된다. 중요한 것은 아이만이 아니라 엄마도 함께 친구를 만든다는 사실이다. 아이가 새로운 친구와 어울리는 모습을 보며 나 역시 플레이데이트를 통해 새로운 사람들과 연결될 수 있었다.

흙 한 줌 나눌 때
나무도 마음도 함께 자란다.

선생님을 만나는 순간, 부모도 학생이 된다.

아이가 킨더가든(kindergarten)에 입학하면

　미국 아이들에게 킨더가든(Kindergarten)은 초등학교 생활의 시작을 알리는 첫 관문이다. 보통 다섯 살 반쯤 입학하며, 1학년에 들어가기 전에 반드시 거쳐야 하는 과정이다. 수업 방식은 유치원과 닮아 있지만 학교라는 더 큰 울타리 안에서 본격적인 규칙과 학습 습관을 익히게 된다.

　공립·사립 여부와 관계없이 모든 학교에 개설되어 있으며, 이미 형제나 자매가 다니고 있는 가정이라면 아이는 자동으로 같은 학교에 입학할 수 있다. 학기 초에는 '오픈 하우스(Open House)'와 '선생님 만나는 날(Meet the Teacher)'이 열린다. 학부모와 아이는 교실을 방문해 교사와 인사하고, 1년 동안의 커리큘럼에 대한 안내를 받는다. 이 시간은 부모에게도 학교 문화를 배우고 새로운 환경에 적응하는 중요한 경험이 된다.

　통학 역시 초등학교와 동일하다. 스쿨버스를 이용할 수 있어 형제자매와 함께 등하교할 수 있고, 점심시간과 휴식시간(Recess)도 포

학교의 첫 아침
도넛 한 입에 용기가 묻어난다.

함되어 있어 아이들은 운동장에서 마음껏 뛰놀 수 있다. 아직 어린 나이인 만큼 다른 학년과 달리 낮잠 시간이 따로 마련되어 있어 아이들은 집에서 가져온 커다란 타올을 개인 사물함에 두고 매일 사용한다.

킨더가든은 단순히 한 학년을 준비하는 과정이 아니라 부모와 아이 모두에게 새로운 '학교 생활의 문턱'이 된다.

킨더가든의 입학과 절차

'킨더가든(Kindergarten)'이라는 단어는 독일에서 왔다. '킨더(Kinder)'는 아이들이라는 뜻이고, '가든(Garden)'은 정원을 의미한다. 두 단어를 합쳐 '아이들의 정원'이라는 이름으로 처음 문을 연 곳은 1837년 독일 블랑켄부르크(Blankenburg)였다. 설립자인 프리드리히 프뢰벨(Friedrich Fröbel)은 아이들이 노래하고, 만들고, 놀이하는 과정 속에서 감성과 창의력이 자란다고 믿었다.

프뢰벨의 교육철학은 곧 독일 이민자들에 의해 미국으로 건너왔다. 1856년, 위스콘신 주 밀워키(Milwaukee)에 세워진 독일인 학교에서 처음 '유치원'을 킨더가든이라 부르기 시작한 것이다. 이후 이 명칭은 미국 전역으로 퍼져, 초등학교 입학 전 과정을 일컫는 보편적인 이름이 되었다.

오늘날에도 미국의 킨더가든은 학습공간을 넘어 놀이와 활동을 중심으로 배우는 과정을 이어가고 있다. 아이들이 즐겁게 뛰놀며 자연스럽게 언어와 사회성을 익히는, 말 그대로 '아이들의 정원'인 셈이다.

미국 대부분의 주에서는 만 5세가 된 아이부터 킨더가든에 입학할 수 있다. 다만 주마다 입학 기준일이 조금씩 다르다. 내가 살고 있는 노스캐롤라이나(North Carolina)에서는 해당 학년도 8월 30일 이전에 태어난 아이가 가을 학기(보통 8월 중순~말일)에 입학 자격을 갖는다.

학교는 거주지 주소에 따라 배정된다. 학군 웹사이트에서 본인의 주소를 입력하면 아이가 다닐 학교를 확인할 수 있다. 보통 새 학년 입학 등록은 2월~4월 사이에 마무리되며 제출해야 할 서류는 다음과 같다.

출생 증명서
(Birth Certificate)

예방접종 기록 - 해당 연령에 필요한 예방접종
(Immunization Records) 을 마쳐야 한다.

거주 증명서 - 전기·수도 요금서, 아파트
(Proof of Residence) 임대

입학 등록서
(Enrollment Forms)

등록이 완료되면 학교에서 진행하는 킨더가든 오리엔테이션(Kindergarten Orientation)에 참여할 수 있다. 이 자리에서 선생님과 교실을 미리 만나보고 도서관이나 놀이터 같은 학교 시설도 둘러볼 수 있어 아이가 첫 학교 생활에 한층 쉽게 적응할 수 있다.

혹시 아이의 영어 실력이 걱정된다면 학교에 문의해 보자. 대부분의 학교에는 ESL(English as a Second Language) 선생님이 있어 아이의 언어 습득과 학교 적응을 지원한다. 집에서는 그림책을 함께 읽거나 영어 노래를 들려주어, 아이가 자연스럽게 영어 환경에 익숙해지도록 도와주는 것도 좋은 방법이다.

오픈 하우스(Open House) & 선생님 만나는 날(Meet the Teacher)

미국의 학교들은 새 학기가 시작되면 정해진 날짜에 '오픈 하우스(Open House)'와 '선생님 만나는 날(Meet the Teacher)' 행사를 연다. 학부모는 이 시간을 통해 선생님과 만나고 교실, 도서관, 급식실, 체육관 등 학교 시설을 둘러볼 수 있다. 또 1년 커리큘럼과 수업 방식에 대한 안내를 듣고, 선생님과 대화할 기회도 갖는다.

특히 'Meet the Teacher' 날에는 아이가 일부 반 친구들과 함께 교실을 체험하며 선생님과 시간을 보낸다. 보통 오전·오후로 나누어 소수 인원으로 진행되는데, 이때 아이는 자신과 잘 맞는 친구를 자연스럽게 찾을 수 있다. 또한 알레르기, 언어 능력, 성격 등 아이의 특별한 상황을 선생님과 직접 의논할 수 있는 자리이기도 하다. 아이들은 자신이 사용할 책상과 사물함에 학용품을 정리하며 새로운 학기를 준비한다.

 행사에 참여하기 전 학교 웹사이트에서 선생님 사진과 이름을 미리 확인하고 궁금한 질문을 적어 두면 좋다. 방문 후에는 수업 시간표, 선생님 이메일, 연락처를 메모해 두어 소통에 활용할 수 있다. 영어가 부담된다면 아이와 간단한 인사말을 미리 연습해 두는 것도 자신감을 높이는 방법이다.

선생님과의 커뮤니케이션

 미국 학교는 아이의 학습과 성장을 위해 학부모와 선생님의 소통을 무엇보다 중요하게 여긴다. 선생님은 학기 중 수시로 이메일이나 앱을 통해 공지사항을 전달하거나 질문을 한다. 대표적인 앱으로는 Class Dojo, Remind, Seesaw 등이 있다. 꼭 필요한 경우에는 전화 연락을 주기도 한다.

 내가 첫아이를 키울 때만 해도 이메일과 전화가 주요 소통수단이었지만 요즘은 거의 모든 의사소통이 앱을 통해 이루어진다. 영어가 서툴다면 휴대폰의 번역 기능을 적극 활용해 보자. 짧고 간단한 문장으로 응답하는 것만으로도 충분히 소통할 수 있고, 선생님도 부모의 노력을 이해하고 존중해 준다.

아이의 숙제는 어떻게 도와주어야 할까?

 킨더가든 시기의 아이들은 다른 학년보다 숙제를 할 때 부모의 도움이 꼭 필요하다. 보통 일주일 단위로 단어 쓰기, 문장 쓰기, 책 읽기, 색칠하기, 만들기, 숫자 쓰기 등의 과제가 주어진다.

 많은 한국 부모들이 '내 영어가 부족해서 아이를 잘못 가르치면 어쩌지?' 하고 걱정하곤 하지만 사실은 그리 어렵지 않다. 오히려 아이와 함께 단어와 문장을 배우며 영어를 다시 익힐 수 있는 좋은 기회가 된다. 예를 들어 기초 단어(Sight Words)를 외우는 숙제가 있다면 아이와 함께 큰 소리로 읽어보고, 모르는 단어는 구글 발음 기능을 활용해 익히면 된다.

 미국 학교에서는 완벽한 숙제보다 꾸준히 노력하는 태도를 더 가치 있게 본다. 아이가 스스로 할 수 있도록 옆에서 지지해 주고, 틀린 부분은 바로 지적하기보다는 함께 풀어가는 것이 좋다. 어려워하는 순간에는 "좀 어렵지만 연습하면 괜찮아질 거야"라는 격려 한마디가 큰 힘이 된다.

아메리칸 스타일 도시락에 담긴 문화

아이의 도시락과 점심시간

킨더가든 아이들에게 점심시간은 사회성을 배우고 또래와 어울리는 중요한 시간이다. 보통 학년별로 점심시간이 나누어져 있어 같은 학년 아이들과 자연스럽게 친구가 될 수 있다.

나 또한 아이 도시락 때문에 많은 한국 엄마들에게 질문을 받았다. 나는 아메리칸 스타일 도시락을 주로 준비했는데, 한국 음식을 잘 못하기도 했지만 아이들이 미국 음식에 익숙했기 때문이었다. 예전에는 음식이 다르면 아이가 어울리기 힘들까 걱정하는 경우가 많았지만 요즘은 K-문화의 인기로 한국 도시락도 더 이상 낯설지 않다.

점심시간의 규칙 (카페테리아 이용하기)

미국 초등학교의 점심시간은 보통 20~30분이며, 대부분 학교는 카페테리아(Cafeteria)를 운영한다. 긴 테이블에 앉아 함께 식사하고, 보조교사와 급식 직원들이 아이들의 안전과 질서를 돕는다.

내가 경험한 점심시간 규칙은 다음과 같다.

함께 먹는 시간
서로를 알아가는 시간

- 도시락은 아이가 스스로 챙긴다.
- 음식 교환은 허용되지 않는다.
- 부모가 가져온 음식은 반드시 포장된 제품만 나눌 수 있다. (집에서 만든 음식은 나눌 수 없음)
- 점심시간은 떠드는 시간이 아니므로 조용히 먹어야 한다. (시끄럽게 하면 "조용한 점심(quiet lunch)"을 보낼 수 있음)
- 쓰레기는 스스로 정리한다.
- 도움이 필요하면 손을 들어 선생님을 부른다.
- 부모가 아이와 함께 연습해 보면 좋은 것들:
  - 줄 서기, 자리 찾기, 먹고 정리하기 등 기본적인 점심 예절
  - 아이가 좋아하는 익숙한 음식 준비
  - 도시락에 짧은 응원 메모 넣기
  - 학교 홈페이지에서 미리 급식 메뉴 확인하기

나는 종종 카페테리아에 아이와 함께 가서 식사를 하곤 했다. 아이가 나를 발견하고 환하게 웃을 때의 그 기쁨은 지금도 잊을 수 없다. 함께 줄을 서고, 음식을 쏟은 아이를 도와주며 선생님과도 대화를 나눌 수 있는 소중한 시간이었다.

아메리칸 스타일 도시락 아이디어

　미국 아이들의 도시락은 간단한 편이다. 샌드위치 + 과일 + 야채 + 간식 + 음료 조합이 가장 흔하다.

- 샌드위치: 땅콩버터&잼, 델리 햄·치즈, 칠면조 샌드위치 등
- 과일/채소: 사과, 포도, 당근 스틱, 방울토마토
- 간식: 포테이토칩, 크래커
- 단백질 보충: 요거트, 치즈, 삶은 달걀
- 음료: 물병 필수, 주스나 우유 추가 가능

Tip. 보냉 도시락 가방(lunch bag)과 아이스팩은 필수!

　아이가 한국 음식을 원한다면 김밥, 주먹밥, 계란말이처럼 간단하고 한입에 먹기 좋은 메뉴가 무난하다.

카테고리	종 류
과일 (1-2개)	베리류, 사과, 바나나, 오렌지, 포도, 수박, 파인애플, 배, 망고, 키위, 말린 살구, 말린 크랜베리, 말린 체리, 건포도, 대추야자
단백질 (1개)	햄&치즈 샌드위치, 칠면조 (Turkey) 롤, 살라미(Salami), 참치나 달걀 샐러드, 흰콩 파스타 샐러드, 해바라기씨 버터&잼, 구운 치킨이나 치킨너겟, 삶은 달걀, 육포, 구운 두부, 만두, 볶음밥, 병아리콩 구이(Roasted chickpeas), 후무스+딥퍼 (Hummus and dipp)
채소 (1개)	오이, 샐러리, 당근, 파프리카, 스노우피 (Snow peas), 방울토마토, 아보카도+시즈닝
유제품/대체품 (1개)	요거트, 베이글+크림치즈, 치즈스틱, 치즈 큐브, 베이비벨 치즈

바삭간식 (1개)	크래커, 프레첼 (Pretze), 시리얼, 칩(토르티야/감자), 골드피시 (Goldfish), 김, 파이럿 부티 (Pirate Booty), 애니멀 크래커 (Animal crackers), 야채과자
디저트 (1개)	프레첼 (Pretze), 다크초콜릿 건포도, 그래놀라 바 (Granola bars), 말린 과일, 젤리, 사탕, 미니쿠키

3부 | 아이와 함께 성장하는 초등학교

교실 속 엄마의 자리, 'Room Mother'

학교 밖 예체능 하나쯤은 꼭 필요하다

미국 아이들에게 학교 밖 예체능 활동은 단순한 취미가 아니라 사회성과 자존감을 키워주는 중요한 통로다. 부모들은 아이가 여러 활동을 경험하며 스스로 흥미를 찾고, 그것을 지속해 나갈 수 있도록 돕는다. 보통 4~5세 무렵부터 음악, 미술, 스포츠 같은 활동을 시작하는데, 이는 아이에게 책임감과 집중력을 길러줄 뿐 아니라 친구를 사귀고 사회성을 넓혀 가는 계기가 되기 때문이다.

음악은 대개 3학년 무렵부터 리코더를 시작으로 악기 체험 기회가 주어진다. 밴드(Band)나 오케스트라(Orchestra)에 들어가면 바이올린, 첼로, 플루트, 트럼펫 등 다양한 악기 중 하나를 선택할 수 있고, 악기는 학교에서 제공되거나 개인이 렌트하기도 한다. 합창단(Chorus)은 상대적으로 부담이 덜하고 노래를 좋아하는 아이들에게 좋은 선택이 된다. 방과 후 개인 레슨을 통해 실력을 키워가는 경우도 많다.

미술은 보통 주 1~2회 정규 수업이 있으며, 필요한 준비물은 주로

안장 위에서 세상을 다시 본다.
두려움은 뒤로, 균형은 앞으로 나아간다.

학교에서 제공하지만 일부는 직접 챙겨야 한다. 아이가 미술을 즐거워한다면 커뮤니티 센터나 아트센터의 별도 클래스에 참여해볼 만하다. 수채화, 유화, 디지털 아트, 도자기 수업까지 다양하고, 시즌마다 작은 전시회에 참가할 기회도 주어진다.

음악이 활동성을, 미술이 창의력과 집중력을 키워준다는 점에서 아이의 성격과 취향에 따라 선택해 주는 것이 가장 바람직하다.

큰아이는 피아노를 13년 동안 배웠고, 여러 대회에 참가해 입상하기도 했다. 둘째는 초등학교 1학년 때 오케스트라 활동으로 첼로를 시작해서 친구들과 함께하는 즐거움 덕분에 꾸준히 이어왔다. 중학교에 들어가서는 개인 레슨을 더해 실력을 키워갔다. 두 아이의 길은 달랐지만 공통점은 '좋아하는 것에서 시작했다'는 것이다.

미국 부모들은 아이에게 빠른 성취를 기대하기보다 즐겁게 배우며 흥미를 잃지 않도록 환경을 만들어 주는 데 중점을 둔다. 나 역시 아이가 무엇을 배우는지가 아니라 그 활동을 '얼마나 즐기고 있는지'를 이야기할 때 주변 부모들과 더 쉽게 공감대를 나눌 수 있었다.

스포츠, 인내와 팀워크를 배우는 시간

미국 부모들은 아이들이 인내심, 자기 관리, 그리고 공동생활에서 빠질 수 없는 팀워크를 기를 수 있도록 스포츠 활동을 매우 중요하게 생각한다. 스포츠는 보통 세 살 무렵부터 시작할 수 있으며, 친구를 사귀는 데도 큰 역할을 한다.

• 미국에서 인기 있는 스포츠와 시즌

스포츠	시즌	활 동
축구 (Soccer)	봄, 가을	여아 남아 (인기가 가장 많음)
야구 (Baseball) / 소프트 볼 (Softball)	봄	시즌 동안 연습이 가장 많음
농구 (Basketball)	겨울	실내 경기 위주
수영 (Swimming)	봄, 가을	실내 경기 위주, 개인종목, 집중력 요구
태권도(TaeKwonDo) / 유도 (JuDo)	봄, 여름, 가을, 겨울	규율과 자기조절 훈련 연습 중심

대부분의 스포츠는 학교 외부 기관에서 가입해야 하며, 중학교나 고등학교에 올라가면 학교 클럽을 통해 참여할 수 있다. 인기 있는 종목은 조기 마감이 많으므로 지역 리그나 YMCA를 통해 미리 확인해 두는 것이 좋다.

• 엄마가 알아두면 좋은 체크리스트

- 처음 시작이라면 기초반에 가입시키기
- 장비나 유니폼 필요 여부를 반드시 확인하기
   (가입비는 저렴해도 장비가 비쌀 수 있음)
- 최소 두세 가지 운동을 체험(Try Out) 시켜본 후 아이가 가장 좋아하는 종목을 선택하기
- 수업 시간·장소·비용을 미리 꼼꼼히 확인하기
- 부모가 참여 가능 여부 확인하기

나는 아이들에게 태권도를 배우게 했다. 이유는 단 하나, 한국의 문화를 연결해주고 싶었기 때문이다. 다행히 아이들은 태권도를 무척 좋아했다. 큰아이는 지금 태권도 5단까지 올라 도장에서 파트타임으로 아이들을 가르치고 있고, 딸아이는 2단에서 멈췄지만 배우는 동안 즐겁게 친구를 사귀었다. 특히 도장에서 만난 한국인 인턴들과 교류하며 자연스럽게 한국문화와 언어에 대한 관심도 키워갔다. 아이들에게 태권도는 단순한 운동이 아니라 뿌리를 잇는 다리이자 사회성을 기르는 소중한 시간이 되어주었다.

아이의 초등학교 1학년부터 5학년까지

아이의 성장에 있어 초등학교 과정은 정말 중요한 시기다. 미국의 초등학교는 킨더가든(Kindergarten)부터 5학년까지 이어지며, 주와 카운티마다 조금씩 차이가 있다. 내가 사는 카운티에서는 1학년까지 담임교사와 보조교사가 함께 수업을 진행했다. 음악, 미술, 체육은 별도의 전담 교사가 맡았고, 독서 시간은 주로 학교 도서관에서 이루어졌다.

성적은 A, B, C, D, E나 1, 2, 3, 4, 5의 방식으로 평가되며, 학기마다 네 번 성적표(Report Card)가 집으로 보내진다. 부모는 성적표 봉투에 서명해 정해진 기간 안에 아이 편에 다시 보내야 한다. 이런 작은 절차조차 부모가 학교 교육에 참여하도록 유도하는 장치라 할 수 있다.

킨더가든이 초등학교 준비 과정이라면, 초등학교는 아이가 중·고등학교에 안정적으로 적응할 수 있는 발판이다. 이 시기 아이들은 영어, 수학, 과학, 역사 같은 교과 지식만 배우는 게 아니다. 자신의 흥미와 장점을 발견하고 그것을 자신만의 것으로 만들어가는 과정을 겪는다.

나 또한 아이들의 초등학교 시절을 지켜보며 늘 스스로에게 물었다.

'아이를 어떻게 도와줄 수 있을까?'

'내가 어떻게 행동해야 간섭이 아닌 도움이 될 수 있을까?'

'학교 봉사는 어디까지 해야 할까?'

'AIG(영재 프로그램)는 어떻게 들어갈 수 있을까?'

룸 마더(Room Mother) 하기

  큰아이가 킨더가든에 입학하면서 나는 처음으로 '룸 마더(Room Mother)'를 맡게 되었다. 사실 그때만 해도 선생님과 대화하는 것조차 긴장되었고, 영어 이메일이나 전화 연락은 쉽지 않게 느껴졌다. 그래서 지원을 망설였지만, 아이를 위해 용기를 내기로 했다.

  '룸 마더(Room Mother)'는 말 그대로 학급을 위해 '엄마 대표' 역할을 한다. 학급 행사(생일파티, 연말파티 등)를 주관하고, 필요한 학급 물품을 챙기며, 선생님과 학부모를 연결하는 다리 역할을 맡는다. 때로는 수업 보조로 책을 읽어주거나 수학문제 풀이를 돕기도 하고, 소풍이나 학급 프로젝트를 준비하는 일도 책임진다. 작은 학급의 반장이자 든든한 조력자 같은 존재. 처음에는 낯설고 부담스러웠지만 시간이 흐르면서 나는 오히려 더 많은 것을 배웠다.

  큰아이가 5학년이 되었을 때는 둘째를 데리고도 교실 봉사를 다녔다. 선생님들은 작은 아이가 심심하지 않도록 책을 읽어주고 색칠공부를 도와주며 챙겨주었다. 그렇게 둘째도 자연스레 초등학교 분위기에 익숙해졌다.

  무엇보다 값진 것은 이 과정을 통해 아이와 학교를 더 깊이 이해하게 되었다는 점이다. 아이가 하루를 어떻게 보내는지, 무엇을 좋아하고 어려워하는지 가까이서 볼 수 있었고, 반 친구들의 사정도 알게 되어 교실이 곧 내 집처럼 느껴졌다. 책 읽기 봉사로 아이들과 친해지면서 내가 학교에 오는 날을 기다리는 아이들의 눈빛은 지금도 잊을 수 없다.

  그 과정에서 영어에 대한 두려움도 점차 사라졌다. 선생님들은 내 서툰 말을 끝까지 들어주었고, 미국 부모들도 언어 장벽을 이해하며 따뜻하게 다가와 주었다. 그렇게 쌓인 인연들은 지금도 이어지고 있다. 몇몇 선생님은 십수 년이 지난 지금도 좋은 친구로 남아 있다.

  돌이켜보면 룸 마더로 지낸 시간은 아이와 함께 성장한 특별한 경험이었다. 아이가 학교생활을 즐겁게 보낼 수 있었던 것도, 나 또한 엄마로서 자신감을 얻을 수 있었던 것도 이 과정 덕분이었다. 돈으로 살 수 없는 값진 시간이었다.

스쿨버스에서 시작되는 또 다른 수업

스쿨버스 (School bus)

 아이가 초등학교에 입학하면서 가장 먼저 고민했던 것은 노란색 스쿨버스를 태울 것인가, 직접 데려다 줄 것인가 하는 문제였다. 한국에서는 일부 사립학교에서만 버스를 운영하기 때문에 미국의 스쿨버스 문화는 신기하고 낯설게 다가왔다. 그러나 곧 알게 된 것은 이 버스가 단순한 교통수단이 아니라 교육의 연장선이라는 사실이었다.

 아이들은 버스를 기다리며 줄을 서고 타고 내리는 과정에서 질서와 배려를 배우며, 차 안에서는 큰소리로 떠들지 않는 사회성을 익힌다. 친구와 나란히 앉아 대화하고 작은 규칙들을 지키는 일들이 곧 생활 속 훈련이 된다. 부모 또한 버스를 기다리는 짧은 시간 동안 아이와 함께 아침을 열고, 귀가 시간에는 다른 학부모와 대화를 나누며 작은 공동체의 일원이 된다.

 내가 사는 노스캐롤라이나에서는 거주지 주소에 따라 스쿨버스 노선이 정해지고, 등록은 Bus Rider Registration으로 할 수 있다. 보

노란 스쿨버스가 멈추면
아이들의 아침이 환해진다.

통 출발 시간 10분 전에 도착해 기다리는 것이 권장된다. 특별한 요청이 없는 한 등·하교 장소는 동일하며, 태풍이나 폭설 같은 기상 악화 시에는 교육청에서 미리 전화나 이메일로 취소 안내가 온다.

큰아이는 집에서 학교까지 5분 거리여서 주로 걸어다녔지만, 둘째는 35분 이상 걸리는 먼 학교를 다녔다. 그래서 직접 차로 데려다주며 통학 시간을 아이와의 대화 시간으로 삼았다. 등·하교길의 차 안은 아이가 하루 동안 겪은 일들을 가장 솔직하게 털어놓는 작은 이야기방이었다. 친구와의 일, 선생님과의 대화, 숙제나 프로젝트 고민까지 아이들의 재잘거림은 나와 아이를 이어주는 다리였다. 집으로 돌아오는 길에 마켓에 들르거나 아이스크림을 함께 먹는 일상은 함께 성장하는 추억으로 남았다.

필드트립(Field trip)

아이들이 필드트립을 유난히 기다리는 이유는 분명하다. 스쿨버스를 타고 친구들과 함께 박물관, 과학센터, 동물원, 놀이공원, 미술관 같은 특별한 장소를 방문하며, 교실에서는 경험할 수 없는 배움과 즐거움을 함께할 수 있기 때문이다. 필드트립은 아이가 현장에서 문화를 배우고 반 친구들과 더 가까워지는 사회성의 훈련장이다.

필드트립 절차

안내와 동의서 (Permission Slip): 학교에서 안내문과 동의서가 오면 읽고 서명해 제출해야 한다. 영어가 부담된다면 번역을 요청할 수 있다.

비용: 무료일 때도 있지만 입장료·버스비·점심 비용이 추가될 수 있다. 형편이 어려운 가정은 학교 지원 여부를 확인할 수 있다.

점심 도시락: 종이백에 간단히 싸서 먹고 버릴 수 있도록 안내하는 경우가 많다. 학교 급식을 신청하면 포장된 점심을 선생님들이 나누어 준다.

복장: 편안한 운동화와 계절에 맞는 옷이 기본. 야외일 경우 선크림이나 알러지 약을 챙기면 좋다. 학급 단체 티셔츠를 맞추어 입는 경우도 흔하다.

보호자 동행 (Chaperone): 학부모도 신청 후 참여할 수 있으나, 본인 점심은 직접 준비해야 한다.

아이에게는 반드시 알려주자.

- 선생님 말씀에 귀 기울이기
- 버스 안 자리 이동 금지
- 혼자 다니지 않고 그룹과 함께 움직이기
- 낯선 곳에서 안전 지키기

보통 출발 전 선생님이 그룹 짝짓기(Buddy System)를 해주어 아이들이 혼자가 되지 않도록 한다.

내가 사는 노스캐롤라이나에서 초등학생들이 자주 가는 장소는 마블 키즈 뮤지엄(Marble Kids Museum), 풀른 파크(Pullen Park), 노스캐롤라이나 주 의사당(NC State Capitol), 내추럴 사이언스 뮤지엄(NC Museum of Natural Sciences) 등이다. 특히 나비관이 있는 내추럴 사이언스 뮤지엄은 아이들이 가장 좋아했던 곳으로, 손에 사과 조각을 얹으면 나비들이 날아와 앉는 신비한 경험을 할 수 있다.

필드트립은 대부분 학교 버스로 이동하지만 멀리 가야 할 때는 관광버스를 대절하기도 한다. 나는 보호자로 자주 동행하며, 돌아오는 길에는 아이를 바로 데리고 귀가할 수 있어 더욱 좋았다. 다만 동의서는 반드시 기한 내 제출해야 하며, 대부분 영어로만 제공되니 ESL 선생님이나 담임에게 요청하면 도움을 받을 수 있다. 또 선생님에 따라 초콜릿이나 사탕을 금지하기도 하므로 작은 간식을 챙길 때는 미리 확인하는 것이 안전하다.

AIG 프로그램, 우월반이라 불리는 이유

AIG(Academically-Intellectually Gifted Program)은 학업이나 지적 재능이 뛰어난 학생들을 위해 마련된 특별 프로그램이다. 영어, 수학, 과학 등 주요 과목에서 차별화된 교육을 제공하며, 대학 진학에 필요한 기준을 따라갈 수 있도록 돕는다. 부모들이 흔히 '우월반' 혹은 '영재반'이라 부르는 이유도 여기에 있다.

내가 사는 카운티에서는 3학년 때 AIG 선발 테스트를 치른다. 크게 세 가지 시험(BOG, CogAT, Iowa) 중 두 가지 이상에서 95% 이상을 받아야 한다. 전체 학생의 상위 5% 안에 들어야 하는 셈이다. 한 번 선발되면 고등학교 졸업까지 혜택을 이어갈 수 있으며, 학년이 올라갈수록 문제 난이도는 더 높아진다.

• AIG 선발 절차 (내가 사는 카운티 기준)

3학년
BOG(Beginning of Grade)
CogAT(인지능력 검사)
Iowa(IQ 테스트의 일종)
→ 세 가지 중 두 가지 이상 95% 이상일 때 선발

K~2학년
교사·학부모 추천
→ SBCGE(학교 기반 영재교육위원회) 심의

4~8학년
교사·학부모 추천으로 재테스트 가능
(기말고사 성적 EOG도 반영)

큰아이를 키울 때는 AIG 정보가 부족해 영어 과목에서 높은 점수를 받지 못했고, 결국 우월반에 들지 못했다. 사비로 프라이빗 테스트까지 해보았지만 원하는 결과를 얻지 못했고, 아이가 스트레스 받을까 싶어 멈추기도 했다.

그러던 중 7학년에 들어서 선생님의 권유로 다시 시험을 보게 되었고, 다행히 97%를 받아 영어와 사회 과목까지 우월반에서 공부할 수 있었다. 그 경험은 고등학교에서 Honors와 AP 과정을 수월하게 이어가는 데 큰 도움이 되었다.

둘째는 훨씬 수월했다. 3학년에서 CogAT와 BOG를 99%로 통과하며 Iowa 시험 없이도 선발되었고, 결국 큰아이는 Academically Gifted, 둘째는 Intellectually Gifted 과정에 들어가게 되었다.

AIG 프로그램의 장점

- 아이의 잠재력과 흥미를 일깨워 줌
- 수준이 비슷한 또래와 함께 배우며 긍정적 자극을 받음
- 수업이 토론과 공동 프로젝트 위주로 이루어져 창의성과 호기심을 키움
- 스스로 주제를 선택하고 결과와 대안을 설명하는 훈련을 통해 발표력·사고력을 기름
- 고학년으로 갈수록 대학 수준 과목까지 선행할 수 있음

참고, 각 주마다 명칭이나 운영 방식이 조금씩 다르므로 반드시 해당 학교와 카운티에 확인하길 바란다.

큰아이는 중학교 8학년 때 이미 고등학교 수학 과정을 끝냈고, 고등학교에서는 대학 과목까지 수료했다. 결국 공대에 진학할 수 있었던 것도 이 프로그램 덕이 컸다. 둘째 역시 비슷한 길을 걷고 있다.

AIG는 단순히 영재 판별을 위한 제도가 아니다. 아이가 '자신만의 속도와 깊이'로 성장할 수 있도록 돕는 교육의 통로다.

아이의 학교, 부모가 몰랐던 비밀들

체험으로 배우기(Learning Experience)

Learning Experience 시간은 아이가 교과 과정 외에도 다양한 문화를 놀이와 미술활동을 통해 배우는 기회다. 게임, 음식 체험, 만들기 등을 하며 아이들은 즐겁게 배우고, 부모들은 함께 참여해 아이들의 사회성을 길러줄 수 있다.

나 역시 큰아이 때부터 10년 넘게 룸 마더(Room Mother)로 참여하면서 어느새 이런 행사를 주관하는 일이 즐거운 경험으로 남게 되었다. 학습 경험은 보통 한 반에서 1년에 두 번에서 네 번 정도 열리는데 선생님과 먼저 주제를 정하고, 프로그램이 정해지면 학부모들에게 이메일을 보내 행사 도우미를 모집하고 비용을 모은다. 대부분 부모들이 자발적으로 참여하기 때문에 준비는 어렵지 않다. 행사 당일에는 아이들이 운동장에 나가 있는 동안 학부모들이 교실을 꾸미고 프로그램을 세팅한다.

내가 준비했던 행사들을 몇 가지 떠올려 본다.

뿌리의 빛을 안고
아이는 세상의 한가운데 섰다.

겨울 문화체험	다른 나라 음식과 놀이를 함께 배우기
세인트 페트릭스 데이 (St. Patrick's Day)	아이리시 문화 엿보기
과학 체험	특정 주제를 정하고 만들기 활동하기
발렌타인 데이	역사와 의미를 배우고, 신발 박스로 선물 상자 만들기
지구의 날(Earth Day)	'지구 케이크'를 만들어 재활용의 의미 배우기
나비 성장 과정	종이접시에 애벌레·번데기·나비 단계를 만들며 학습

이런 체험의 순간마다 아이들은 웃고 떠들며 즐겁게 배웠다. 무엇보다도 학부모인 나 역시 아이들과 함께 배우고 느낄 수 있었다. 그때 깨달았다. 체험학습은 성적을 높이기 위한 과정이 아니라 부모와 아이가 함께 배우며 성장하는 시간이라는 사실을 말이다.

아이를 함께 키우는 협력의 시간, 학부모 상담 (Parent-Teacher Conference)

 미국 초등학교에서는 보통 학기 중 연 4회 정도 선생님과의 상담(Parent-Teacher Conference)이 열린다. 이 시간은 아이의 학업 성취뿐 아니라 교실 생활, 성격, 취미, 사회성 등 폭넓은 이야기를 나눌 수 있는 중요한 기회다.

• 상담 준비 & 기본 팁

- 상담 예약은 보통 이메일, 학교 포털, 온라인 사인업으로 진행된다.
- 영어가 부담스럽다면 통역 지원 여부를 확인하자.
- 상담 시간은 15~30분 정도로 짧으니 미리 질문을 적어 가는 것이 좋다.
- 상담에서는 긍정적인 태도로 시작하고, 아이의 강점과 보완점을 균형 있게 물어보는 것이 바람직하다

• 상담 시 유용한 표현

인사할 때

    Hello, thank you for meeting with me today.

    It was very nice to meet you. I appreciate your time.

    I'm glad we were able to talk about my child's progress.

    Thank you for your help and support.

    Please let me know if there is anything else to be aware of.

학교 적응 상황 묻기

How is my child doing academically?

Are there any areas where my child needs improvement?

How is my child's behavior in class?

Does my child get along well with their classmates?

과제·걱정거리 확인하기

Is my child completing homework regularly?

Does my child understand the assignments?

How can I help with homework if I'm not fluent in English?

I'm concerned about my child's reading/math skills.

My child seems shy or withdrawn at school.

Are there programs for gifted students or extra help?

알아두면 좋은 학교 용어

Report Card : 성적표

Homework / Assignment : 숙제 / 과제

Behavior : 태도, 생활 습관

Gifted Program (AIG 등) : 영재반 프로그램

ESL (English as a Second Language) : 영어 보충 수업

Kindergarten (K) 유치원, 킨더가든	만 5~6세 어린이들이 다니는 첫 학교 단계
Grade 1~5 초등학교 1~5학년	미국 초등학교 학년
Teacher 선생님	담임 선생님 또는 과목별 담당 선생님
Parent-Teacher Conference 학부모-교사 상담	학부모와 선생님 간의 공식적인 상담 시간
Report Card 성적표	학기별 아이의 학업 성적과 태도에 대한 평가서
Homework 숙제	학교에서 주는 과제
Field Tri 현장 학습	학교 밖 견학 활동
PTA (Parent Teacher Association) 학부모회	학부모와 교사가 함께 학교를 지원하는 조직
Room Mother 룸 마더	학급 대표 학부모, 행사 및 연락 업무 담당

Special Education 특수교육	장애가 있거나 특별지원이 필요한 학생 대상 교육
IEP (Individualized Education Program) 개별 교육 계획	특수교육 대상 학생 맞춤 학습 계획
ESL (English as a Second Language) 영어 학습 지원	영어가 모국어가 아닌 학생을 위한 영어 교육 프로그램
Gifted Program (AIG) 우수 학생 프로그램	학업적 재능이 뛰어난 학생을 위한 프로그램
Counselor 상담 교사	학생 상담 및 진로 상담을 담당하는 학교 직원
Cafeteria 구내식당	학생들이 점심을 먹는 곳
Library 학교내 도서관	아이들이 책을 빌리고 읽을 수 있는 곳
Recess 쉬는 시간, 운동시간	수업 사이에 주어지는 휴식 및 놀이 시간

학교의 언어를 익히는 사이
엄마와 아이는
같은 편이 된다.

학교와 집을 잇는 다리, 학부모회(PTA: Parent Teacher Association)

　룸 마더(Room Mother)가 학급 단위의 도우미 역할이라면, PTA 활동은 학교 전체와 연결되는 또 다른 참여의 길이다. 룸 마더가 담임 교사와 학부모들 속에서 관계를 쌓는다면, PTA는 교장·교감, 선생님들, 그리고 모든 학부모와의 관계를 넓히는 통로가 된다.

　나 역시 처음에는 여러 가지 걱정이 앞섰다.

　'아이에게 부모가 학교 일에 참여하는 것이 정말 도움이 될까?'

　'영어가 부족한데 과연 잘할 수 있을까?'

　'다른 부모들과 어울리지 못하면 어떡하지?'

　하지만 막상 참여해 보니 걱정보다는 얻는 것이 훨씬 많았다. 시간이 흐르면서 언어에 대한 두려움은 차츰 줄어들었고, 자신감은 점점 커졌다. 무엇보다 많은 학부모와 교사, 교장·교감 선생님과의 관계가 깊어졌다. 학교에서 내가 낯선 사람이 아니게 되었고, 아이들 역시 그런 부모의 모습을 보며 안정감을 느낄 수 있었다.

　아이의 학급이 도서관에 들어올 때 짧게라도 안아주고 인사할 수 있었던 순간, 행사 준비를 함께하며 웃고 떠들던 시간들은 그 자체로 소중한 추억이자 교육의 연장이었다. 시간이 지나면서 학교는 제2의 집처럼 느껴지기 시작했다.

　흥미로운 점은 PTA 활동을 하던 내 주변의 많은 엄마들이 학교에서 정식으로 일자리를 얻거나 아예 교사 자격증을 따서 새로운 길을 걷기도 했다는 것이다. 그만큼 PTA 활동은 부모 스스로에게도 소속감과 자신감을 키워주는 성장의 과정이었다.

아이의 교실을 더 가깝게 만나는 길, PTA

PTA(Parent Teacher Association, 학부모회)에 가입하는 일은 생각보다 간단하다. 새 학년이 시작되면 학교에서 가입 안내문을 보내주며, 도우미 활동을 하지 않더라도 회원비(보통 5~15달러)만 내면 정식 회원이 될 수 있다. 오리엔테이션 때는 PTA 가입 테이블이 마련되어 있고, 요즘은 학교 홈페이지나 앱을 통해 온라인으로도 쉽게 등록할 수 있다. 가족 단위로 가입도 가능하다.

가입 후에는 이메일이나 안내문을 통해 학교 행사와 봉사 기회 소식을 받게 된다. 또한 PTA 회원은 분기마다 열리는 예산 모임에 참여할 수 있으며, 회원비로 충당되지 않는 부분은 바비큐 파티, 아이스크림 행사, 필드데이(Field Day) 같은 이벤트를 통해 기부금을 모은다. 이렇게 모인 예산은 운동장 놀이기구 설치, 도서관 책 구입, 학교 도색, 문화 축제, 북페어(Book Fair), 졸업식, 공연, 그리고 교사 감사 주간(Teacher Appreciation Week) 같은 다양한 활동을 지원하는 데 쓰인다.

나 역시 큰아이가 초등학교에 입학했을 때 처음으로 PTA에 가입했다. 영어 안내문을 더듬더듬 읽으며 신청서를 작성할 때는 긴장이 앞섰지만 사실 절차는 아주 간단했다. 첫해에는 회비만 내고 활동하지 않았지만 2학년이 되면서 조금씩 발을 들였다. 아이와 함께 북페어에 참석하면서 다른 엄마들이 하는 일을 지켜보았고, 예산안 모임에도 나가게 되었다.

특히 기억에 남는 건 PTA 회비와 기부금으로 아이들 반에 맥북과 아이패드를 몇 대나 마련했다는 소식을 들었을 때였다. 한 가정의 작은 참여가 학교 전체에 큰 도움이 된다는 사실을 깨닫는 순간이었다. 그 후로는 더 적극적으로 참여하게 되었고, 아이도 학교와 엄마의 연결을 자랑스러워했다.

학교에서의 부모 참여가 중요한 이유

부모가 아이의 학교 일에 관심을 가지고 함께 참여할 때, 아이는 학교 생활에 더 큰 애착을 가지기 시작한다. PTA 활동을 하며 그 의미를 깊이 깨닫게 된 일이 있었다.

둘째가 킨더가든에 다닐 때, 나는 학교 PTA에서 Building & Grounds Chair를 맡았다. 내가 맡은 프로젝트 중 하나는 도서관을 아이들이 편히 앉아 책을 읽고 토론할 수 있는 공간으로 꾸며주는 일이었다. 알록달록한 색상의 등받이 없는 의자를 대량으로 주문해 연결하면 아이들이 기대거나 눕기도 할 수 있도록 했고, 팀에 합류한 네 명의 부모와 함께 일주일에 한두 번 도서관에서 만나 의자에 커버를 씌웠다.

또한 도서관 한가운데에는 커다란 북으로 시계를 만들어 달았다. 벽에는 아이들이 만든 미술작품이 장식되었고, 예쁜 커튼도 새로 달아 분위기를 환하게 바꾸었다. 벽시계에 걸리는 책은 분기마다 바뀌었는데 어떤 책을 올릴지는 아이들이 직접 선정했다. 아이들은 자신이 좋아하는 책이 시계에 걸리는 걸 보며 큰 기쁨을 느꼈다. 작은 변화였지만 도서관에 가는 즐거움이 훨씬 커졌다. 내가 참여했던 장식과 시계는 아이가 초등학교를 졸업할 때까지 남아 있었다.

처음에는 내가 PTA 활동을 이렇게 적극적으로 할 거라고는 상상하지 못했다. 단순한 호기심에서 시작된 일이었지만 시간이 지나면서 그것은 아이와 나에게 무한한 기쁨과 자신감을 주었다. '내가 잘할 수 있을까?'라는 걱정은 '나도 할 수 있다'라는 확신으로 바뀌었다.

아이도 달라졌다. 내가 학교에서 봉사하고 도와주는 모습을 보며, 아이는 자신이 사랑받고 있다는 것을 느꼈고 그것을 즐거워했다. 친구들 중 몇몇은 엄마가 선생님이었는데, 아이들이 그런 사실을 자랑스러워한다는 것도 알게 되었다. 비록 내가 맡은 일은 학교의 작은 역할이었지만 아이에게는 그것이 큰 자부심이 되었다. 내가 학교를 방문하는 날이면 아이는 손을 꼭 잡고 교실까지 함께 걸어가기를 원했다.

이 경험을 통해 깨달았다. PTA 참여는 아이에게 좋은 영향을 주는 또 하나의 교육이었다.

4부 | 사춘기와의 대화,
중학교에서 배우는 성장

사춘기 아이의 길 찾기

미국 엄마들은 아이들의 중학교 과정을 어떻게 도와줄까?

 중학교 시절은 아이들이 고등학교 수업을 준비하며, 동시에 자신의 정체성을 찾아가고 진로를 탐색하는 중요한 시기다. 아동기를 지나 청소년으로 나아가는 전환점이기도 하다.

 한국의 중학생들이 방과 후 학원을 다니는 것과 달리 미국의 중학생들은 수업이 끝나면 음악·미술·체육 같은 특별활동에 참여하는 경우가 많다. 부모나 조부모가 직접 통학을 돕고, 클럽 활동을 하는 아이들은 두어 시간 늦게 데리러 가면 된다.

 내 아이들도 여느 미국 아이들과 다르지 않았다. 다만 성향이 달라 서로 다른 길을 걸었다. 첫째는 내성적이고 조용해 수학·과학을 좋아했고, 로봇 만들기와 컴퓨터 과학에 관심을 보였다. 반대로 둘째는 외향적이고 바깥활동을 좋아해 영어 글쓰기와 독서, 연극, 첼로 연주에 큰 흥미를 가졌다. 초등학교 때부터 오케스트라에 소속되어 무대에 서는 것을 즐겼고, 대회와 공연에 참여하며 성취감을 맛보았다.

아이들을 키우며 깨달은 점은 단순하다. 중학교 시절 부모의 관심과 지원은 생각보다 훨씬 중요하다는 것이다. 이 시기는 사춘기와 맞물려 아이가 스스로 정체성을 찾아가고 독립심을 키워 나가는 시기다. 부모가 조급하게 간섭하기보다 옆에서 지켜보며 응원하고, 필요할 때 든든히 지원해줄 때 아이는 비로소 밝게 성장한다.

대부분의 미국 공립중학교는 주 과목으로 영어, 수학, 과학, 사회, 건강생활 과목을 중심으로 운영된다. 수업은 단순한 지식 전달이 아니라 토론, 그룹 과제, 발표를 통해 아이들의 사고력·문제 해결 능력·의사소통 능력을 기르는 데 중점을 둔다.

중학교에 들어서면 아이들은 스스로 시간과 과제를 관리해야 한다. 숙제 제출이나 시험 준비, 수업 등록은 더 이상 부모에게 통보되지 않고, 학생이 직접 책임지고 처리한다. 내 아이들도 중학교부터는 스스로 과제를 제출하고 다음 학기 수업을 등록했다.

수업 방식도 달라진다. 초등학교처럼 한 교실에 머무는 대신 과목별 교실을 이동한다. 이 때문에 개인 락커(Locker)가 지급되는 학교도 많다. 하지만 쉬는 시간이 5~10분 정도로 짧아서 실제로는 가방을 메고 교실 사이를 이동하는 아이들이 더 많다.

내가 아이들을 보낸 곳은 마그넷 스쿨(Magnet School)이었는데 특별활동 과목까지 포함해 하루 8과목을 소화해야 했기 때문에 쉬는 시간은 5분, 점심시간은 25분으로 운영되었다. 처음에는 다소 빠듯해 보였지만 아이들은 금세 적응하며 자신만의 리듬을 찾아갔다.

일반 공립학교	학교 배정은 집 주소에 따라 이루어진다. 초등학교, 중학교, 고등학교로 나뉘며, 기본 교과 과정과 선택 과목을 배운다. 스쿨버스 통학이 가능하다.
마그넷 스쿨 (Magnet Schools)	특정 분야나 주제를 가르치는 특화 학교이다. 학교의 종류가 여러가지 있고 STEM, 예술, 국제 교육, IB 프로그램 등을 제공하며 학생의 관심과 재능에 따라 선택할 수 있다. 학교는 집 주소에 따라 신청하고 정해지며, 지원 후 선발이 되면 입학할 수 있다. 아이들의 형제 자매는 지원없이 자동 입학이 가능하나 신청을 요구한다.
차터스쿨 (Charter Schools)	공립학교이지만 사립학교의 특성을 지닌 자율성이 높은 학교로, 교육 과정과 운영 방식이 일반 공립학교와 다르다. 학부모의 봉사는 필수요건이며, 음악, 미술, 스포츠를 제공하지 않는 학교도 있다. 학교신청은 기간 안에 이루어지고, 선발

	이 되면 아이들의 형제 자매는 지원 없이 자동 입학이 가능한 학교도 있다.
특수학교 (Special Purpose Schools)	특수학교는 특정 장애, 언어 문제, 학습이 필요한 학생을 위한 프로그램을 제공한다. 저소득층, 외국인, 영어 학습이 필요한 학생, 특수교육 대상자를 위해 설립되었다.

흥미를 수업으로! 미국식 선택의 힘

학교 내 특별활동(Clubs & Competitions)과 선택과목(Electives)

미국 중학교는 아이들이 자신의 관심과 흥미를 발견할 수 있도록 다양한 선택과목과 특별활동을 제공한다. 학년이 끝나는 5~6월쯤 아이들은 다음 학기에 들을 과목을 미리 등록하고 여름방학 동안 변경 신청도 할 수 있다.

1. 특별활동(Clubs)

학교마다 조금씩 다르지만 보통 다음과 같은 클럽이 운영된다.

- 음악·예술: 오케스트라, 밴드, 합창단, 연극
- 스포츠: 축구, 농구, 미식축구, 발리볼 등
- 과학·기술: 사이언스 올림피아드(Science Olympiad), 로봇 클럽(Robotics Club), 컴퓨터 클럽
- 기타: 치어리더, 봉사 클럽 등

특히 음악·연극·스포츠 관련 클럽은 학기 중 투어나 공연, 대회를 통해 아이들이 큰 성취감을 느낄 기회가 많다.

2. 선택과목(Electives)

- 외국어: 스페인어, 프랑스어, 중국어, 일본어 등
- 예술: 미술, 합창, 연극
- STEM: MSEN(Mathematics and Science Education Network), LEGO Robotics
- 체육: 농구, 축구, 발리볼, 미식축구

이처럼 다양한 과목을 통해 아이들은 흥미 있는 분야를 깊이 경험할 수 있다.

큰아이는 과학과 공학에 관심이 많아 사이언스 올림피아드와 로봇 클럽에 적극적으로 참여했다. LEGO Robotics와 VEX Robotics 대회에서 좋은 성과를 거두었고, 8년간 이어온 MSEN 프로그램은 대학 진학에도 큰 도움이 되었다. 결국 이 길은 아이가 공대로 진학하는 밑거름이 되었다.

둘째는 책과 글쓰기를 좋아했지만 중학교에 들어가면서 첼로 연주에 몰입하기 시작했다. 개인교습을 병행하며 실력을 키워 현재는

North Carolina Chamber Music Institute 청소년 앙상블에서 활동하고 있다. 음악을 통해 자기 표현과 성취를 경험하며 큰 즐거움을 느끼고 있다.

수학 트랙(Math Track)

수학 트랙(Math Track)은 학생의 학업 성적과 이해력, 사고력을 고려해 일반(Regular Track), 가속(Accelerated Track), 고급(Advanced or Enriched Track)으로 나뉜다. 아이가 중학교에서 가속이나 고급 과정을 마치면 고등학교에서 다른 학생들보다 빨리 AP 과목을 들을 수 있다. 이 때문에 공대나 이과 계열 진학을 희망하는 학생들에게 특히 유리하다.

또한 컴팩 클래스(Compacted Class)라는 과정도 있는데, 중학교 6~8학년 3년 과정을 1년 만에 속성으로 끝내는 방식이다. 이런 수학 트랙은 상담 교사와의 대화를 통해 자격 여부가 결정되며, 승인이 나면 수업을 들을 수 있다.

첫째는 어려서부터 수학을 좋아했다. 중학교에 입학하기 전부터 컴팩 클래스를 듣고 싶어했고, 처음엔 하루 두 시간씩 쏟아지는 숙제 양에 나도 놀랐다. 하지만 아이는 끝까지 해냈고, A를 받았다. 7학년에는 Math I(고등학교 1학년 과정), 8학년에는 Math II와 III Compacted Class를 들으며 결국 중학교 3년 동안 고등학교 11학년 수준의 수학까지 마칠 수 있었다.

고등학교에 들어간 후에는 12학년 과정을 끝내고, 10학년부터는 주립대학에서 대학 과정인 미적분(Calculus) 수업을 듣기 시작했다. 그제야 6학년 때 상담 선생님의 말을 이해할 수 있었다. 아이들은 엄마가 생각하는 것보다 훨씬 책임감이 강하다. 하고 싶어할 때 할 수 있도록 도와주는 게 엄마가 할 일이다.

지금 대학에 다니고 있는 첫째는 그때 일을 떠올리며 종종 웃으며 말한다.

"생각보다 그리 어렵지 않았어요."

친구일까, 부모일까? 사춘기와의 거리 두기

선생님과 소통하기

 아이가 중학생이 되면 담임 선생님이 있더라도 과목별 선생님들과 따로 소통해야 한다. 오픈하우스에 가면 과목별 선생님들을 만나고 이메일이나 연락 방법을 안내받을 수 있다. 학교마다 다르지만 보통 일 년에 두세 번에서 네 번 정도 학부모 상담(Parent-Teacher Conference)이 열리기도 한다. 선생님의 수업 방식이나 커리큘럼을 더 알고 싶다면 메모해 두었다가 오픈하우스에서 직접 묻는 것이 가장 좋다. 참석하지 못했을 경우에는 이메일로 소통하면 된다. 영어가 부담스러워도 짧게라도 적극적으로 질문을 하면 선생님과 더 가까워질 수 있다. 대부분의 선생님은 학부모의 질문에 친절하게 답하며, 아이가 수업에서 힘들지 않도록 도와주려 한다.

 둘째가 8학년일 때 오픈하우스에서 만난 영어(ELA) 선생님이 특히 기억에 남는다. 아이가 새학기부터 그 선생님 이야기를 끊임없이 해서 궁금했는데, 교실에 들어서는 순간 이유를 알 수 있었다. 활발하고 적극적인 수업 분위기 속에서 아이들이 즐겁게 토론하며 배우고 있었다. 숙제는 많았지만 아이는 불평하지 않았다. 궁금한 주제가 있으면 이메일을 보내 하루 안에 꼼꼼한 답장을 받을 수 있었고, 다른 과목 선생님들도 주기적으로 앱을 통해 학습 진행 상황을 공유해 주었다. 아이가 발표를 잘하거나 좋은 점수를 받으면 칭찬 메시지를 보내주었고, 졸업하는 날에도 꼭 안아주며 "고등학교에 가서도 지금처럼만 하면 된다"라고 격려해 주었다.

나는 누구인가?

중학생이 되면 아이는 본격적으로 정체성을 찾기 시작한다. "나는 누구인가"라는 질문을 스스로에게 던지며 자존감을 키워간다. 부모 입장에서는 아이에게 어떻게 도움을 줄 수 있을지 고민이 많아진다. 이 시기의 아이들은 학교와 친구 관계, 다양한 활동을 통해 자신이 잘하는 것과 관심 있는 것을 발견한다.

한국과 비교했을 때 미국 아이들의 친구 관계는 더 개방적이고 개별적이다. 또래끼리 어울리며 상호작용하고, 서로의 생각과 처지를 이해하려고 한다. 농담, 은어(slang), 다른 문화와의 접촉 속에서 새로운 언어 감각과 사회적 기술을 배우기도 한다.

미국 부모들은 중학생 아이를 키우면서 숙제, 프로젝트, 친구 관계, 심지어는 연애 문제까지 크게 개입하지 않는다. 대신 아이의 의견을 존중하고, 스스로 결정할 수 있도록 대화를 통해 지도한다. 친구 관계에서도 자신의 주장을 하되 상대방을 존중하는 태도를 가르친다.

물결은 잔잔해도
아이들의 내일은 넓게 흔들린다.

요즘 부모들이 특히 중요하게 여기는 부분은 온라인과 SNS 사용이다. 인스타그램이나 틱톡에 올리는 사진이 실제 삶과는 다를 수 있다는 점, 온라인 공간에서 책임감 있게 행동해야 한다는 점을 아이들과 자주 이야기한다. 나 역시 가끔 아이들과 이런 주제로 대화를 나누고, 아이들은 올린 사진을 나와 공유하거나 함께 찍은 사진을 올려도 되는지 물어보기도 한다.

둘째가 8학년 때 처음 남자친구가 생겼을 때, 직접 와서 이야기해 주고 고민을 나눠준 일이 아직도 기억에 남는다. 그때 스스로에게 물었다. '엄마로서 내가 도와줄 수 있는 일은 뭘까?' 결국 결론은 하나였다. 옆에서 지켜봐 주고, 언제나 아이의 팬이 되어주는 것. 연주회에서 꽃다발을 들고 찾아가고, 둘과 함께 영화를 보며 사진을 찍어주는 것. 그게 내가 할 수 있는 최선이었다.

아이의 자아가 발달하는 시기를 지켜보며 배운 것은 부모가 해줄 수 있는 가장 큰 역할은 아이의 세상을 함께 공감하고 나누는 일이라는 것이다. 아이의 눈높이에서 이해하는 일은 쉽지 않지만 아이를 믿어주기 시작하는 순간 아이는 스스로 자신을 찾아가기 시작한다.

스포츠, 음악, 미술, 그외 방과 후 활동

아이들이 중학생이 되면 방과 후 활동이 많아지는 덕에 엄마인 나도 덩달아 바빠졌던 기억이 난다. 미국의 아이들은 중학교에 들어서면서 본격적으로 음악이나 미술, 스포츠 활동을 시작하는데 이는 단순한 취미 활동을 넘어 리더십, 그룹워크, 소속감과 자신감을 키워주는 중요한 경험이 되기 때문이다. 특히 첫째와 둘째의 나이 차가 다섯 살이라 더 크게 느껴졌던 것 같다.

큰아이의 친구들은 축구나 농구를 많이 했지만 큰아이는 태권도를 좋아해 8학년 때 검정띠 3단을 받았다. 3단을 따기 위해 오랜 시간 연습하고 기다리는 동안 아이는 팀워크를 배우고, 피아노를 통해 꾸준함과 경쟁심을 키워나갔다. 당시 아이들 아빠와 둘째도 함께 태권도를 배웠기에 한국인 엄마를 빼고는 모두 미국인 태권도 가족이 되었다.

태권도는 주 3회 정도 수업이 있었는데 대부분 저녁시간이어서 아이들은 아빠와 함께 다녀오고, 나는 그 시간에 저녁을 준비하곤 했다. 아메리칸 스타일의 태권도 프로그램은 아이들의 흥미를 끌기에 충분했고, 땀에 흠뻑 젖어 돌아온 아이들은 그날 배운 동작을 자랑스럽게 보여주곤 했다. 새로운 친구를 사귀고 돌아온 날이면 다음 수업을 손꼽아 기다리는 모습을 보며, 아이가 사회성을 잘 익혀 간다 싶어 마음이 든든했다.

일주일에 한 번 있는 피아노 레슨만큼은 내가 직접 데리고 다녔다. 교수님 댁이 다른 시에 있었기 때문에 학교가 끝나자마자 달려가야 했고, 집에 돌아오면 저녁시간이 되었다. 매일 30분씩 꾸준히 연습할 수 있도록 확인해주었는데, 이는 며칠 연습을 거르면 주말에 몰아서 해야 하는 부담을 막기 위함이기도 했고, 숙제를 미루지 않는

품에서 손을 놓고, 이제는 어깨를 감싼다.
자란 건 키만이 아니다.

습관을 들여주려는 의도도 있었다.

  큰아이가 중학교 다닐 때 하교 시간은 2시 20분, 둘째의 초등학교 하교 시간은 3시 45분이었다. 그래서 대부분은 큰아이를 픽업한 뒤 둘째를 기다리는 시간 동안 차 안에서 첫째가 먼저 숙제를 끝냈다. 숙제가 없는 날이면 차로 15분 거리의 파머스 마켓(State Farmers Market)에 들러 신선한 채소를 사고, 둘만의 아이스크림 데이트를 즐기기도 했다. 둘째를 픽업해 돌아오는 길은 아이들의 재잘거림을 들을 수 있는 소중한 시간이었다.

  아이들이 방과 후 활동을 시작하면 부모가 학업과 활동의 균형을 잡아주는 것이 무엇보다 중요하다. 나는 큰아이의 숙제 시간을 둘째를 기다리는 짬에 활용해 저녁시간에는 마음 편히 놀 수 있도록 했다. 옆에서 직접 숙제를 도와주지 못하더라도 아이가 숙제하는 모습을 지켜보며 무슨 주제를 다루는지 물어보는 것만으로도 아이와의 관계가 더욱 가까워진다.

  주말에도 바쁨은 이어졌다. 친구 생일파티, 각종 대회, MSEN 프로그램 참석 등이 줄줄이 있었고, 시간이 나면 할머니, 삼촌, 고모 가족과 함께 보내기도 했다. 연휴가 있는 주말에는 집 근처 호수에서 낚시를 하며 시간을 보내기도 했다.

친구 같은 엄마되기

  아이들이 청소년으로 성장하는 시기를 보내며 나는 감사하게도 아이들과 많은 대화를 나눌 수 있는 기회를 가질 수 있었다. 큰아이가 중학교에 들어갔을 때는 집에서 학교까지 거리가 멀어 방과 후 픽업은 내가 맡았고, 둘째의 오전 등교도 내가 데려다주었다. 덕분에 오전에는 둘째를 학교에 데려다주는 40분 동안 둘만의 대화 시간을 가질 수 있었고, 오후에는 큰아이와 함께 둘째를 기다리며 아이스크림을 먹거나 숙제를 하면서 한 시간 반 정도 오롯이 둘만의 시간을 보낼 수 있었다.

특히 큰아이가 초등학교 때와는 달리 점점 성숙해져가는 모습을 보니 어느새 시간이 흘렀음을 실감하게 되었고, 그제야 아이와 함께하는 순간들이 얼마나 소중한지 깊이 느끼게 되었다. 그래서 그 시간만큼은 사소한 대화라도 놓치지 않으려 했다. 처음에는 무슨 이야기를 꺼내야 할지 망설였지만 곧 자연스럽게 나눌 말들이 많아졌다.

그러던 중 여름방학 동안 아이들이 즐겨 하던 마인크래프트(Minecraft) 게임에 동참할 기회가 생겼다. 아이들이 왜 그토록 이 게임에 빠져 있는지 궁금하기도 했고, 아이들과 무언가를 함께 나누고 싶다는 마음도 있었다. 결국 나도 게임에 빠져들어 아이들과 밤새 웃고 떠들며 시간을 보냈다. 그 여름밤의 기억은 시간이 지나도 여전히 아이들과 함께 이야기하며 웃을 수 있는 소중한 추억이 되었다. 게임을 함께하면서 아이들도 나를 단순히 엄마가 아니라 친구 같은 존재로 받아들이기 시작했다. 나 역시 훈계를 하기보다는 친구가 되려 노력했다.

이렇게 시작된 엄마와 아이의 관계는 시간이 지날수록 더 단단해졌다. 함께 놀아주고, 고민을 나누고, 집안일도 같이 하는 친구 같은 가족관계로 발전해 갔다. 아이들은 내가 학교 일에 참여하는 것을 반가워했고, 친구들에게 엄마 이야기를 자연스럽게 꺼내며, 가끔은 "쿨한 엄마를 둬서 고맙다"는 말도 해 주었다.

　아이들이 중학교 시절을 보낼 때, 나 또한 대학을 다니며 숙제와 과제의 어려움을 아이들과 공유했다. 시험을 앞두고는 아이들이 문제를 읽어주고 내가 대답하는 방식으로 도움을 주기도 했다. 그래서였을까. 나는 아이들에게 공부하라는 잔소리를 거의 하지 않았다. 굳이 할 필요도 없었다. 숙제에 매달리고 학점에 신경 쓰는 내 모습을 이미 보고 있었으니까. 가끔 아이들과 대학 도서관에 가서 함께 숙제를 하거나 영화를 본 시간들이 아마도 아이들에게는 보이지 않는 잔소리이자 자연스러운 본보기가 되었을 것이다.

　돌아보면 친구 같은 엄마가 되기는 그리 어려운 일이 아니었다. 아이의 눈높이에서 함께 보고 들어주면 된다. '나도 이럴 때가 있었지' 하고 떠올리며 아이들을 바라보면 그들의 마음을 이해할 수 있다. 자라온 환경이 다를 뿐 겪는 성장통은 비슷하기 때문이다. 엄마가 아이와 삶을 공유하기 시작할 때 아이는 엄마와 함께 자라난다.

미국 아이들은 과외를 어떻게 할까?

　한국에서 과외는 주로 공부를 잘하는 아이가 더 높은 성적을 얻기 위한 개인 교습이나 학교 수업 외 학원 수업을 뜻하며 특별한 의미를 두지 않는다. 하지만 미국에서의 과외(Tutoring)는 한국과는 전혀 다른 개념을 가진다. 미국 학교에서 과외는 성적을 끌어올리거나 상위권 유지를 위한 선행학습이 아니라 아이가 수업 기준에 미치지 못할 때만 권장된다. 이 경우도 흔하지 않으며 필요하다고 판단되면 단기간 도움을 줄지, 장기적으로 지도할지를 구분한다. 목표는 가능한 한 빨리 학급 진도에 맞추어 갈 수 있도록 돕는 것이다. 초등학교나 중학교에서는 선생님의 지도 아래 방과 후나 점심시간에 보충 수업을 받을 수 있으며, 이런 과정은 일종의 특별교육 제도에 가깝다.

그래서 미국에서 초등학생이나 중학생이 과외를 한다고 하면, 보통은 반의 성적을 따라가지 못해 보충을 받는다고 이해한다. 한국처럼 상위권을 유지하거나 선행학습을 위해 과외를 받는 경우는 드물다. 담임이나 과목 교사가 튜터링을 권하면 부모에게 숙제를 도와주라는 요청에 가깝다. 대부분의 학교에서는 담당 교사가 점심시간이나 방과 후에 보충수업(After School Program)을 진행한다. 수학이나 영어는 무료 보충수업이 제공되는 경우가 많고, 요즘은 교육 웹사이트를 통해 온라인으로 학습을 보충하는 경우도 늘고 있다. 초등학교에서는 담임과 특별교사가 함께 아이들을 지도한다. 아직은 미국 내 사교육이 한국만큼 발달하지 않았기 때문이다.

나 역시 처음 미국에서 과외라는 개념을 접했을 때 놀랐다. 첫째는 과외가 한국처럼 보편적이지 않다는 점이고, 둘째는 많은 미국 부모가 굳이 과외의 필요성을 느끼지 않는다는 점이었다. 물론 최근에는 구몬과 같은 사설 학원도 생기고 부모들의 관심도 조금씩 높아지고 있지만 여전히 개인 과외에 의존하는 경우는 많지 않다.

 기억에 남는 경험이 있다. 큰아이가 3학년일 때, 다른 주에서 이사 온 아이 엄마와 친해지게 되었는데 그분은 심리상담사였다. 어느 날 그 집에 초대를 받아 이런저런 이야기를 나누다가 아이 성적 이야기가 나왔다. 성적표가 낮아 선생님이 집에서 숙제를 함께 보라고 안내장을 보냈다며 불편한 마음을 털어놓았다. 그러면서 한국 엄마들의 교육열에 관한 잡지 기사를 보여주며 여러 질문을 던졌다.

 그중 가장 기억에 남는 말은 "한국에서는 왜 아이들에게 놀 시간을 안 주나요?"였다. 나는 그때 뾰족한 대답을 하지 못했다. 기사에는 한국 사교육 현실이 담겨 있었는데, 아이들이 학원을 마치고 집에 오는 시간이 평균 저녁 8시~10시라는 내용이었다. 한국 교육제도를 직접 경험해 보지 못한 나로서는 어떻게 설명할 방법이 없었다.

 그날 집으로 돌아오는 발걸음은 무거웠다. 하지만 그 대화는 내가 아이를 키우는 태도를 바꾸는 중요한 계기가 되었다. 성적과 학점만을 중시하기보다 아이들이 밝고 건강한 사회성을 가질 수 있도록 돕는 데 더 마음을 쏟게 되었기 때문이다.

 또 다른 기억은 큰아이가 4학년일 때다. 그 무렵 룸 마더였던 나는 선생님의 부탁을 받고 몇몇 아이들의 수학과 읽기 보충수업을 도왔다. 수학은 문제풀이가 어려운 아이들과 함께 앉아 차근차근 이해할 수 있도록 도와주었고, 읽기 시간에는 도서관에 가서 책을 함께 읽고 내용을 나눴다. 네 명의 아이들과 함께 한 페이지 한 페이지를 읽으며 토론했는데 읽는 데 시간이 오래 걸리는 아이도 있었고, 집중이 어려운 아이도 있었다. 그렇지만 두 달쯤 지나자 결국 책 한 권을 다 읽을 수 있었다. 그 과정에서 느낀 것은 학부모가 조금의 관심만 기울여도 아이들은 공부에서 재미를 발견하고, 사교육 없이도 스스로 학습 동기를 키워갈 수 있다는 사실이었다.

결국 미국에서 과외란 부족한 부분을 메워 아이가 수업을 따라가도록 돕는 제도이자 과정이다. 성적을 올리기 위한 경쟁의 수단이 아니라 아이가 자기 속도로 학습하며 자존감을 잃지 않도록 돕는 장치다. 이 차이는 한국 부모에게는 낯설지만 미국식 교육의 중요한 특징을 잘 보여준다.

미국 엄마들의 자녀 교육에 대한 열정

지난 20년간 미국에서 아이들을 키우며 느낀 점은 부모들의 자녀 교육에 대한 열정은 한국과 다르지 않다는 것이다. 다만 미국 부모들은 아이들의 성적에 경쟁심을 부추기지 않는 대신 실패를 통해 배우고 성취감을 얻는 방법을 가르쳐 준다. 단순히 좋은 학교에서 좋은 성적을 받는 것이 최종 목표가 아니라 아이가 스스로 배우고 성장할 수 있도록 자립심과 자신감을 길러주는 데 초점을 맞춘다.

미국 엄마들은 아이들의 학교 생활에도 깊이 관여한다. 선생님을 만나는 날이면 대부분의 부모가 함께 참여해 아이가 일 년 동안 무엇을 배우는지, 어디에 앉아 공부하는지, 개인 수납장은 어디인지, 필요한 준비물은 무엇인지를 꼼꼼히 살피며 질문한다. 궁금한 것이 생기면 서슴없이 이메일을 보내 해결한다. 아이의 의견을 존중하는 동시에 스스로 문제를 해결할 수 있도록 돕는 것도 잊지 않는다.

10여 년 이상 룸 마더로 활동하며 알게 된 점은 미국 부모들이 얼마나 반 행사에도 적극적인 관심을 보이는가였다. 행사가 정해지고 부모들에게 이메일을 보내면 대부분 하루가 지나기도 전에 답장이 온다. 어떤 부모는 여러 차례 메일을 주고받으며 행사 준비를 꼼꼼히 챙기기도 한다. "내가 가져갈 것은 무엇인지", "몇 시간 도울 수 있는지"를 묻는 질문이 많다. 도우미 인원이 쉽게 모이니 행사 진행이 수월할 수밖에 없다. 행사 날이 되면 넓은 교실이 가득 찰 만큼 많은 부모가 참여했고, 소풍 날이면 버스를 따라 장소에 모여 함께 시간을 보냈다.

큰아이가 초등학교에 다닐 때만 해도 부모들과 이메일로 소통했지만 4학년 무렵부터는 'Sign Up Genie' 앱을 통해 학부모들이 행사 물품과 도우미를 신청했다. 통신과 앱의 발달로 소통은 훨씬 간단해졌지만 아이들에 대한 부모들의 사랑과 관심만큼은 변하지 않았다.

큰아이가 중학교 6학년 때 토요일마다 주립대학에서 MSEN 수업을 들은 적이 있었다. 점심 도우미를 맡아 함께 학교에 가 있던 어느 날, 낯선 엄마들이 모여 앉아 도란도란 이야기를 나누고 있었다. 처음에는 단순한 학교 얘기인 줄 알았는데, 시간이 지나면서 귀에 들어온 내용은 "어떻게 큰아이를 주립대와 명문대에 보낼 수 있었는지"에 관한 것이었다. 중학생 아이를 둔 나로서는 귀를 기울이지 않을 수 없었다. 결국 용기를 내어 대화에 끼어들었고, 여러 질문을 던지며 많은 답을 들을 수 있었다.

그날 들은 미국 엄마들의 교육 방식은 이랬다. 아이가 초등학교에 있을 때는 운동과 취미활동을 마음껏 할 수 있도록 지원한다. 그리고 중학생이 되면서부터 대학 입학을 위한 준비를 시작한다. 아이가 좋아하는 과목을 선택하도록 돕고, 관련 캠프와 대회에 참여하게 한다. 가능하다면 여러 행사에 나가도록 지원하며 그 과정에서 경험과 성취를 쌓게 한다. 놀라웠던 점은 대부분의 대회가 다른 주에서 열린다는 사실이었다. 주말이면 부모들이 차로 10시간 넘게 달려가서 아이와 함께 대회 일정을 소화한다는 것이다. 이런 희생은 단순한 관심 차원이 아니라 진심에서 우러난 사랑과 응원이 아니면 불가능하다.

나는 장거리 운전이 힘들어 아이들을 먼 곳까지 데려가지는 못했다. 그래서 주 안에서 열리는 대회에만 참여하도록 지원했다. 주변 엄마들의 열정과 헌신에 비하면 작은 일이었고, 그 때문에 아이들에게 미안한 마음이 들 때도 있었다. 하지만 그 경험을 통해 분명히 알게 되었다. 미국 엄마들의 교육 열정은 경쟁을 넘어선 '마음'이자 '헌신'이라는 것을.

게이트로 향하는 발걸음,
아이들의 세계가
한 칸 넓어진다.

5부 | 자립을 준비하는 고등학교

미국 아이들은 과외를 어떻게 할까?

고등학교 생활과 부모의 참여 방식

한국과 마찬가지로 미국 아이들의 고등학교 생활은 단순히 공부만 하는 시간이 아니라, 진로를 고민하고 독립심을 키워가는 중요한 시기다. 초등학교(Elementary School)와 중학교(Middle School)처럼 새 학년이 시작될 때마다 오픈하우스가 열리고, 학기 중 다양한 행사에도 부모의 참여가 여전히 활발하다.

하지만 대학 진학을 위한 1:1 상담에서는 학생의 독립성과 자기 결정권을 존중하기 위해 부모의 동참을 제한하는 경우도 있다. 대신 학교는 워크숍, 정보 세션(Information Session), 이메일, 대학설명회 등을 통해 부모에게도 충분한 정보를 제공한다. 아이가 어떤 지원을 받고 있으며, 어떤 과정을 거치고 있는지를 부모가 알 수 있도록 돕는 것이다.

일반 공립학교

학교배정은 거주지에 따라 이루어진다. 초등학교, 중학교, 고등학교로 나뉘며, 기

마그넷 스쿨 (Magnet Schools)	본 교과 과정과 선택 과목을 배운다. 스쿨버스 통학이 가능하다. 특정 분야나 주제를 가르치는 특별 교육을 실시하는 학교다. 학교의 종류가 다양하며, STEM·예술·국제교육·IB 프로그램 등을 제공하며 학생의 관심사와 재능에 따라 선택할 수 있다. 학교는 거주지에 따라 신청하고 정해지며, 지원 후 선발이 되면 입학할 수 있다. 아이들의 형제 자매는 지원없이 자동 입학이 가능하나 대부분은 별도의 신청절차를 요구한다.
차터스쿨 (Charter Schools)	공립학교이지만 사립학교의 특성을 지닌 자율성이 높은 학교로, 교육 과정과 운영 방식이 일반 공립학교와 다르다. 학부모의 봉사는 필수요건이며, 음악, 미술, 스포츠를 제공하지 않는 학교도 있다. 학교신청은 기간 안에 이루어지고, 선발이 되면 아이들의 형제 자매는 지원없이 자동 입학이 가능한 학교도 있다.

특수학교 (Special Purpose Schools)	특정 장애, 언어 문제, 학습 필요가 있는 학생을 위한 프로그램을 제공한다. 저소득층이나 외국인 등 영어학습 지원이 필요한 학생과 특수 교육 대상자를 위해 설립되었다.
온라인 가상학교 (Virtual / Online Schools)	가정에서 듣는 온라인 수업이다. 학년마다 다양한 과목을 온라인으로 수업을 들을 수 있고, 학습의 환경도 일반 클라스와 비슷하다.
기술 / 직업학교 (Career & Technical Education Schools, CTE)	특정 직업 및 기술 교육을 중점적으로 가르치는 특별 교육학교이다.

조기진학 프로그램(Early College School) 경험과 장점

내 아이들은 모두 대학 연계 조기진학 프로그램(Early College School)에 입학했다. 이 과정은 일반 고등학교에 비해 한 학년(13학년)을 더 다닐 수 있는 선택권이 있다는 점에서 특별하다. 각 학년 학생 수가 75명 미만으로 소규모로 운영되며, 수학과 과학 중심의 프로그램을 제공한다.

아이들이 다닌 학교는 노스캐롤라이나 주립대학(North Carolina State University)에 소속되어 있어 10학년이 되면 실제 대학생들과 같은 과목을 수강하며 대학생활을 시작하게 된다.

9학년에 입학하면 주립대학 학생증과 이메일 계정을 발급받는다. 이 학생증으로 대학 내 각종 시설, 특히 대학 도서관을 자유롭게 이용할 수 있다. 학교에서는 스쿨버스로 고등학교와 대학을 오가는 라이딩을 지원하기 때문에 학부모는 평소처럼 아이를 고등학교에 데려다 주면 된다. 이후 아이가 운전을 시작하고 차량을 소지하면 학교와 대학에서 무료 주차권도 발급해 준다.

이 프로그램의 가장 큰 장점은 아이의 실력에 따라 대학 수업을 제한 없이 들을 수 있다는 것이다. 큰아이는 고등학교 11학년까지 고등학교 수학 과정을 모두 마치고, 9학년 때 Math 4를 수강한 뒤 10학년부터는 대학에서 Calculus 과정을 수강했다. 졸업 전까지 최대 65학점을 이수할 수 있고, 모든 학비와 교재는 카운티 내 공립학교에서 지원해 준다. 60학점 이상을 이수하면 고등학교 졸업과 동시에 2년제 준학사 학위(Associate Degree)를 받을 수 있다.

큰아이의 경우 52학점을 마치고 대학에 입학했는데, 신입생 1학기를 마친 뒤 바로 3학년으로 올라갈 수 있었다. 미리 수업을 들어둔 덕분에 대학 생활을 훨씬 여유 있게 이어갈 수 있었던 셈이다.

독립을 배우는 시간

아르바이트 시작하기: 청소년 노동 규정과 경험

 노스캐롤라이나에서는 만 14세 6개월이 되면 노동청에서 청소년 고용허가서(Youth Employment Certificate)를 발급받아야 아르바이트를 할 수 있다. 학기 중에는 하루 최대 3시간, 주 18시간까지만 일할 수 있고, 방학 기간에는 하루 8시간, 주 40시간으로 제한된다.

 청소년들이 할 수 있는 일은 안전한 범위 안에서 주어진다. 식당 보조, 캐시어, 청소, 도서관 보조, 사무 보조, 아이 돌보기(Baby Sitting), 애완동물 돌보기(Pet Sitting), 잔디깎이, 여름 캠프 보조 등이 있으며, 공장이나 건설 현장, 운전, 주류 판매업소에서는 일을 할 수 없다.

 미국 고등학생들은 아르바이트를 통해 차 기름값이나 보험료 등 생활비 일부를 직접 벌며 독립심을 키워간다. 이를 통해 사회 경험을 쌓고, 시간 관리와 재정 관리 능력을 배운다. 부모들은 아이들이 아르바이트에만 치우치지 않도록 곁에서 지도한다. 큰아이는 고등학교 졸업 무렵부터 태권도를 가르치는 아르바이트를 시작했는데 지금 대학생이 된 지금도 꾸준히 이어가고 있다.

봉사활동과 인턴십: 진로 탐색과 사회성·리더십

고등학생들에게 봉사활동과 인턴십 경험은 대학 지원과 미래 진로탐색에 중요한 자산이 된다. 또한 공동체의식과 리더십, 책임감을 배우는 과정이기도 하다. 모든 고등학교가 이를 졸업 필수 요건으로 정한 것은 아니지만 학교 카운슬러를 통해 관련 경로를 안내받을 수 있다. 특히 NHS(National Honor Society)와 같은 특별활동은 일정 시간 이상의 봉사활동이 있어야 가입할 수 있다.

고등학생들이 할 수 있는 봉사활동은 다양하다.

- 학교, 대학교, 도서관
- 병원, 동물 보호소
- 지역 축제나 행사
- 학교 내 튜터링
- 각종 비영리 단체나 교회 활동
- 일반 회사나 대학 연구실

인턴십과 봉사활동은 주로 11학년 여름방학부터 시작한다. 아이의 흥미와 진로 방향에 맞는 활동을 선택하도록 돕는 것이 중요하다. 예를 들어 의학에 관심 있는 아이는 병원 봉사활동을, 교육에 관심 있는 아이는 도서관이나 학교 활동을 경험하는 것이 좋다. 인턴십은 채용을 목적으로 하지 않기 때문에 기회가 많지 않으며, 학교 카운슬러나 주변 지인을 통해 연결되는 경우가 많다. 간혹 IT 회사 등에서 소규모 유급 인턴십을 제공하기도 하지만 흔하지 않다. 중요한 것은 아이가 사회와 연결되고, 미래를 준비하는 시작점으로 삼을 수 있도록 돕는 일이다.

운전면허 취득 과정: 자유와 책임의 첫걸음

주마다 다르지만 노스캐롤라이나에서는 만 15세 이후에 운전면허(Learner's Permit)를 받을 수 있다. 내가 사는 카운티에서는 고등학생 대상 무료 운전 교육(Driver's Ed) 프로그램이 운영된다. 일정 시간의 이론 수업과 도로 주행 연수를 마치면 DMV에서 Driver Eligibility Certificate(DEC)을 발급받을 수 있고, 이를 통해 학습자 운전면허를 취득한다.

처음 단계에서는 보호자 동행이 필수다. 총 60시간 중 10시간은 야간 운전을 포함해야 한다. 두 번째 단계에 들어서면 필기와 시력검사를 거쳐 오전 5시부터 밤 9시까지 보호자 동반 운전이 허용된다. 이후 16세가 되면 주행시험을 볼 수 있고, 합격하면 단독 운전이 가능하다.

큰아이가 운전 교습을 받던 해는 코로나로 인해 온라인 수업과 1:1 실습으로 진행됐다. 첫날 아이는 한 시간 반 동안 다른 도시까지 운전 연습을 다녀왔다. 운전을 좋아하던 아이에게는 큰 자신감을 얻는 기회였다. 신호등과 도로 규칙을 배우고, 주차와 여러 코스를 연습하며 점차 익숙해졌다.

 큰아이가 운전대를 처음 잡던 순간을 지켜보던 날의 아련함을 아직도 기억한다. 한 시간 반이 지나고 주차장으로 돌아온 아이는 여유 있는 모습으로 차를 몰고 들어왔고, 얼굴에는 자신감이 가득 차 있었다. 그 모습을 보며 자랑스럽고 기특한 마음이 동시에 밀려왔고, 나 또한 처음 운전대를 잡던 날을 떠올렸다.

졸업으로 향하는 길

카운슬러와의 소통, 대학 준비 과정에서의 부모 역할

 초등학교와 중학교와는 달리 아이가 고등학교에 입학하면 담임 선생님이 따로 없고 카운슬러(School Counselor)와 소통을 하게 된다. 학교마다 다르지만 보통 학년별 카운슬러가 배정되어 있으며, 학생들의 진로선택부터 과목 등록, 봉사활동, 인턴십, 대학진학상담까지 지원한다. 고등학생에게 카운슬러와의 관계가 중요한 이유가 바로 여기에 있다.

 학부모는 과목별 선생님이나 카운슬러와 앱이나 이메일을 통해 성적과 활동 상황을 확인하고 소통할 수 있다. 나 역시 앱으로는 간단한 메시지를, 좀 더 중요한 질문은 이메일로 주고받았다. 하지만 고등학교에 들어서면 부모가 선생님과 직접 소통하는 횟수는 줄어든다. 학교에서 부모 참여를 행사 도우미 등으로만 제한하기 때문이다. 특히 대학진학상담은 학생 개인의 의사와 결정을 존중하기 위해 카운슬러와 학생이 단독으로 진행한다. 이는 부모의 배제를 위한 것이 아니라 학생을 독립적인 개인으로 인정하기 위한 구조다. 또 학생의 개인정보 보호를 위해 FERPA(Family Educational Rights and Privacy Act)라는 연방법에 따라 학업기록과 상담 내용은 학생 동의가 있어야 부모가 열람하거나 참여할 수 있다.

큰아이가 11학년이 되자 학교 생활과 클럽활동, 인턴십까지 카운슬러와 상의하며 스스로 결정했다. 나로서는 궁금한 점이 많았지만 직접 개입할 수 있는 부분은 거의 없었다. 12학년 때 카운슬러로부터 상담 알림을 받고 학교에 동행했을 때도 사실 그 상담은 아이 단독 일정이었다. 아이의 허락을 받고 자리에 앉았지만 나는 듣는 역할에 머물렀다. 카운슬러는 왜 상담이 학생 중심으로 진행되어야 하는지를 설명하며, 아이에게 "너는 어떤 학교와 학과를 가고 싶니?", "이유는 무엇이니?", "그 학교의 장점은 무엇이라고 생각하니?"와 같은 질문을 던졌다. 아이의 대답을 귀기울여 듣고, 스스로 계획을 세워 나가도록 이끌어 주었다.

나는 그 과정에서 부모가 직접 나서기보다 정보를 제공하고, 아이가 원만히 대학 지원을 해 나가도록 옆에서 도와주는 것이 가장 큰 힘이 된다는 것을 배웠다. 사실 아이는 이미 Common App 사용법을 비롯해 내가 생각했던 것보다 훨씬 많은 정보를 알고 있었다. 아이가 독립적으로 준비하고 있었다는 점이 가장 인상 깊었다.

우등생(Honor Graduate) 졸업 조건: GPA, SAT/ACT, 활동과 리더십

아이들이 우등생으로 졸업하기 위해서는 학점(GPA: Grade Point

단상 위 한 걸음
어제의 수많은 작은 걸음들

Average) 관리가 가장 기본이다. 내가 사는 카운티에서는 전체 과목 GPA가 3.75 이상이면 우등생(Honor Graduate)으로 졸업할 수 있다. 이를 위해 AP(Advanced Placement) 수업이나 IB(International Baccalaureate) 과정을 수강하는 것을 권장한다.

SAT과 ACT 시험 준비도 중요하다. 한국과 달리 미국에서는 이 시험을 1년에 여러 번 치를 수 있고, 가장 높은 점수를 대학원서에 제출할 수 있다. SAT는 만점이 1600점, ACT는 만점이 36점이다. 따라서 아이들은 시간을 두고 여러 차례 시험을 보며 점수를 끌어올릴 수 있다.

우등생 졸업 여부는 단순히 성적만으로 결정되지 않는다. 고급과정 수업을 수강했는지, 클럽이나 봉사활동에 참여했는지, 리더십 경험이 있었는지가 함께 평가된다. 이는 성적 위주의 경쟁보다 학업을 통해 얼마나 사회적 역량을 보여주었는지, 균형 잡힌 성장을 이루었는지를 중시하기 때문이다.

한국과는 다른 미국 고등학교 졸업식 풍경과 졸업 파티 문화

미국 고등학교의 졸업식은 한국과 비교했을 때 확연히 다른 분위기를 느낄 수 있다. 내가 사는 카운티의 졸업식을 예로 들면, 대학과 유사한 정식 졸업 세레모니(Graduation Ceremony)가 열린다. 장소는 학교 강당, 풋볼 필드, 대형 체육관, 공연장, 혹은 대학 강당을 빌려 진행하며, 대체로 늦은 오후나 저녁에 시작한다. 졸업생 수가 많아서이기도 하지만 고등학교 졸업이 곧 성인으로 들어서는 의미 있는 순간이기 때문이다.

졸업식 날 학생들은 학교를 상징하는 색의 가운과 학사모(Cap & Gown)를 착용한다. 학사모의 태슬을 오른쪽에서 왼쪽으로 넘기는 순간이 '정식 졸업'을 의미한다. 학교장이 졸업을 선언하면 학생들이 모자를 하늘로 던지는데, 이때를 기억에 남기기 위해 모자에 장식을 하기도 한다. 부모들은 이 장면을 빠짐없이 사진과 영상으로 남긴다.

학생대표들의 졸업 연설(Valedictorian & Salutatorian Speech)은 성적 우수자가 맡는다. 학교에서 겪은 일과 선생님, 친구, 가족 이야기를 담아 기억에 남는 에피소드와 교훈, 그리고 미래에 대한 다짐을 전한다. 감사의 인사로 연설을 마무리하는 경우가 많다. 졸업식 중간에는 음악과 공연이 이어지며, 미국 국가(Star-Spangled Banner)를 부르기도 한다.

큰아이의 졸업식은 도심 공연예술극장에서 열렸다. 아이는 아침 일찍 리허설을 마치고 돌아왔다가 저녁 6시에 정식 졸업식에 참석했다. 졸업생들이 차례로 무대에 올라 졸업장을 받을 때마다 객석에서는 환호와 박수가 쏟아졌다. 졸업식이 끝난 뒤에도 학생들과 학부모, 교사들은 함께 사진을 찍고 오랜 대화를 나누며 여운을 즐겼다.

미국에서 고등학교 졸업식은 가족에게 큰 행사다. 졸업이 가까워지면 많은 가정이 집 안팎을 장식한다. 특히 새로 입학할 대학의 로

고나 이름을 앞마당에 세워두는 경우도 흔하다. 나 역시 아이를 위해 작은 졸업 파티(Graduation Party)를 준비한 기억이 있다. 현관과 마당에 대학 로고 현수막과 이름, 졸업 연도를 장식했고, 파티 날에는 풍선과 이니셜 장식으로 집을 꾸몄다. 케이크에는 졸업 연도와 아이의 이름을 새겼고, 종이컵과 접시, 포크까지 색상을 맞추어 준비했다.

 파티에 온 부모들과는 아이들의 성장 과정, 앞으로 갈 대학과 학과에 대한 이야기를 나눴다. 보통 파티는 두 시간 정도지만 가까운 친구들이 모인 자리였기에 오후 3시에 시작해 7시까지 이어졌다. 미국에서는 졸업 파티를 가족과 지인들이 함께 즐기는 사교 모임으로 여긴다. 그래서일까, 파티를 준비하는 과정은 늘 즐거움으로 가득했다.

가운의 주름마다 시간이 겹친다.
진지한 발걸음이
곧 세상과의 악수가 되기를.

6부 | 대학을 향한 동행

미국 고등학교, 선택과 기회의 무대

아이와 함께 하는 대학 준비

 대학입시는 아이만의 과제가 아니라 가족 모두가 함께 준비해야 하는 긴 여정이다. 특히 미국의 대학입시 준비과정은 한국과 다른 점이 많기에 일찍 이해하고 준비하는 것이 아이의 원활한 대학 진학에 큰 도움이 된다.

 미국 대학의 학생 선발 기준은 성적만이 아니다. 봉사활동, 인턴십, 학교 클럽활동, 취미 등을 종합적으로 평가하여, 지원한 학과를 성실히 마칠 수 있는지를 살핀다. Common App 에세이가 중요한 이유도 바로 여기에 있다. 에세이는 아이의 경험과 가치관, 배움에 대한 태도를 보여주는 가장 큰 비중의 요소이기 때문이다.

 고등학교 카운슬러는 아이의 과목별 장점과 관심사를 바탕으로 대학을 추천해 주며, 11학년이 되면 Common App 실습 기회를 제공한다. 학교에 따라서는 카운슬러가 에세이를 검토해 주는 경우도 있다. 다만, 진학을 위한 일대일 상담은 학생이 원하는 대학에 지원할 수 있도록 권유하며, 부모가 아닌 아이와 함께 진행한다. 이는

FERPA(Family Educational Rights and Privacy Act)라는 연방법에 따라 학생의 상담 내용과 학업 성적 열람이 학생 본인의 동의 없이는 부모에게 공개되지 않기 때문이다.

대신 학교는 워크숍, 정보 세션(Information Session), 이메일, 대학설명회 등을 통해 부모에게 충분한 정보를 제공한다. 부모는 이를 통해 자녀가 어떤 지원을 받고 있는지 확인할 수 있다.

고등학교 시기는 대학 준비의 출발점이다. 학생들은 이 시기에 학업과 활동, 그리고 자기 탐색을 동시에 경험하며 성장한다. 이러한 시스템을 바탕으로 12학년이 되면 아이들은 스스로 대학 원서를 준비할 수 있게 된다. 그러므로 부모와 아이가 함께 계획을 세우고, 필요한 준비 과정을 단계적으로 밟아 나가는 것은 무엇보다 중요하다.

미국의 대학 시스템

미국의 대학은 크게 다음과 같이 구분된다.

4년제 대학 (University/College)	학사 학위(Bachelor's Degree)를 취득할 수 있으며, 일부는 연구 중심(Research University), 일부는 실무 중심(Liberal Arts College)이다.
2년제 커뮤니티 칼리지 (Community College)	준학사 학위(Associate Degree)를 받을 수 있으며, 2년 후 4년제 대학

	으로 편입할 수 있다.
전문대학 (Technical/Professional School)	특정 기술이나 자격증을 집중적으로 배우는 교육기관이다.

입학 유형도 다양하다.

정시 지원 (Regular Decision)	보통 12월~1월에 지원하며, 3~4월에 결과가 발표된다.
조기 지원 (Early Action, EA)	합격 여부를 일찍 알 수 있지만, 입학 여부는 자유롭게 결정할 수 있다.
조기 결정 (Early Decision, ED)	합격하면 반드시 입학해야 하므로 신중한 선택이 필요하다.
수시 지원 (Rolling Admission)	지원 후 순차적으로 심사와 합격 통보가 이루어진다.

전공 결정은 입학 시 필수가 아닌 경우도 많지만 관심 분야를 미

리 탐색하고 관련 과목(AP, IB, Honors)을 수강하면 경쟁력이 높아진다. 대부분의 학생들은 5개 정도 대학에 지원하지만 큰아이는 무려 16개 대학에 지원서를 넣었다. 여러 곳에 합격한 뒤 고민 끝에 North Carolina State University에 입학하기로 결정했다. 아이의 대학 입학 준비는 사실 중학교 시절부터 천천히 쌓여가는 여정이었다.

학업 관리	GPA를 꾸준히 높게 유지하고, AP·IB·Honors와 같은 심화 과정을 수강하며 도전적인 학습 환경에 익숙해지는 것이 중요하다.
SAT	ACT 점수도 합격률에 큰 영향을 미친다. 보통 10~11학년에 시험 계획을 세우는 것이 효율적이다. 국제학생의 경우 TOEFL이나 IELTS 점수가 요구되기도 한다.

과외활동과 리더십 경험

 학교 클럽, 운동, 봉사활동, 인턴십 등 다양한 활동에 꾸준히 참여하는 것이 필요하다. 대학은 활동의 개수보다는 깊이와 지속성을 더 높게 평가한다.

대학 리스트 작성

Safety(안정권), Match(적합권), Reach(도전권) 대학으로 나누어 원서를 넣는다.

학교 규모, 위치, 전공, 학비, 장학금, 캠퍼스 문화 등을 함께 고려해야 한다.

지원서 준비

Common Application이나 Coalition Application을 활용한다.

자기소개서와 에세이는 자신의 성장 경험, 목표, 가치관을 진솔하게 담아야 한다.

추천서는 교사·카운슬러·교장 등 아이를 잘 아는 사람이 작성해 주는 것이 효과적이다.

구분	항목	비용 범위	비고
지원서	Application Fee	$50 ~ $90 (평균 $70)	일부 명문대 $90 이상/커뮤니티칼리지, 무료~$30

시험 응시료	SAT $60/ ACT $68 (Writing 포함 $93)	TOEFL $225 / IELTS $250	점수 발송 별도, 국제학생 대상
추가 비용	성적표·추천서 발송료 $5 ~ $20	점수 추가 발송 $12 ~ $20	고등학교에서 처리
포트폴리오 업로드	$10 ~ $15	예술·디자인 전공시, Slide Ro-om 사용	-
비용 절감	Fee Waiver (지원비 면제)	무료	저소득층·Pell Grant 수혜자 Free/ Reduced Lunch 학생 등 해당

※ Common Application이나 Coalition Application에서 Fee Waiver 요청이 가능하며, 카운슬러 상담을 통해 지원 자격을 확인

할 수 있다. 또 일부 주에서는 "대학 지원 무료 주간"을 운영하여 일정 기간 동안 지원비가 면제되기도 한다.

　대학원서를 준비할 때는 빠진 서류가 없는지 꼼꼼히 확인하고, 면접이 요구되는 학교라면 인터뷰 연습도 필요하다. 합격 통보를 받더라도 등록까지는 충분한 시간이 주어지니 여러 학교의 결과를 비교한 뒤 최종 결정을 내려도 늦지 않다. 돌이켜 보면 아이의 성장을 대신해 줄 수는 없었다. 그러나 옆에서 지켜보며 지지해 주고, 필요한 정보를 제공해 주는 것만으로도 아이에게는 큰 힘이 되었다.

대학 입학 준비에 필요한 것들
　미국의 수업방식은 내가 다녔던 한국 학교와는 많이 다르다. 대부분의 수업이 발표와 토론 중심으로 진행되며 이러한 활동이 성적에도 큰 영향을 미친다. 경험을 돌아보면 미국 대학에 입학하기 위해서는 학업과 비학업, 행정적 준비까지 여러 요소를 두루 갖추는 것이 필요하다.

　1. 학업적 요소
<u>GPA 관리와 수업 난이도</u>
　고등학교 내내 성적을 꾸준히 관리하고, AP·IB·Honors 등 고급 과정을 수강하는 것이 중요하다. 이러한 수업은 Weighted GPA를 올

릴 수 있는 기회를 제공하며, 대학 입시에 큰 도움이 된다.

시험 점수

SAT, ACT, AP 시험 점수는 경쟁력을 높이는 핵심 요소다. 국제학생이라면 TOEFL이나 IELTS 점수도 필수적으로 준비해야 한다.

학업 성과 기록

수상 경력, 프로젝트, 학술 활동 경험을 정리해 두는 것이 대학 원서에서 중요한 자료가 된다.

2. 비학업적 요소

에세이와 추천서

자기소개서와 에세이는 아이의 성장 경험, 목표, 가치관을 담아내는 중요한 글이다. 교사, 카운슬러, 교장 선생님에게 받는 추천서도 원서의 신뢰도를 높여준다.

과외활동과 리더십

클럽 활동, 스포츠, 봉사활동, 인턴십은 아이의 성실성과 협력성을 보여준다. 학생회(Student Council), NHS(National Honor Society), Debate Club, Science Olympiad, Robotics Club 등은 대표적인 예다. 프로젝트를 주도하거나 클럽에서 역할을 맡은 경험은 특히 긍정적인 평가를 받는다.

특기와 수상 경력

각종 대회 수상 실적이나 예술·디자인 계열 지원자의 경우 포트폴

리오 준비가 필수적이다.

3. 행정·재정적 요소

국제학생 필수 서류: 여권, 학생비자, 학비와 생활비를 증명할 수 있는 재정 서류를 준비해야 한다.

재정 지원 신청: FAFSA, CSS Profile 등 재정 지원 서류와 각 대학이 요구하는 추가 서류(인터뷰, 보충 에세이 등)를 빠짐없이 챙겨야 한다.

4. 준비 시기와 방법

가능하다면 고등학교 9~10학년 때부터 차근차근 준비하는 것이 유리하다. 이 시기에 클럽 활동, 시험 준비, 대학 투어를 시작하고, 1년에 한 번 정도는 학업·재정·지원서 준비 상황을 점검하면 좋다. 중요한 것은 학업, 활동, 정신 건강의 균형을 유지하면서 현실적인 대학 리스트를 작성하는 일이다. 학교 카운슬러와 꾸준히 상담하고, 다양한 온라인 자료를 활용해 정보의 폭을 넓히는 것도 도움이 된다.

헬리콥터 맘에서 해바라기 엄마로

아이의 독립, 엄마의 변화

 아이가 고등학교를 졸업하고 대학에 입학하면 대부분 기숙사 생활을 시작하게 된다. 이때부터 아이는 독립을 향해 나아가고, 엄마의 역할 또한 달라지기 시작한다. 이전까지는 모든 것을 함께 계획하고 관리하며 직접 지원해 주었다면 이제는 한 발짝 뒤에 서서 지켜보는 시기로 넘어가는 것이다.

 이 시기는 부모에게도 중요한 전환점이다. 아이가 자신의 선택과 결정권을 존중받으면서도 필요한 조언과 정보를 얻을 수 있도록 균형을 잡아 주어야 한다. 부모의 격려와 지지는 아이가 책임감을 키우고 스스로 성장할 수 있는 힘이 된다.

 혼자서 미래를 만들어 간다는 것은 기대와 설렘을 안겨주기도 하지만 동시에 무거운 책임을 지고 새로운 길을 내딛는 일이다. 그렇기에 대학 생활은 단순히 학업만을 위한 새로운 시작이 아니라 사회적·정서적 독립을 배우는 중요한 시기다. 부모가 안정적인 지원 속에서 아이의 선택을 존중해 준다면 아이는 자신 있는 첫 발걸음을 내딛을 수 있을 것이다.

 아이가 성장하면서 부모, 특히 엄마의 역할도 자연스럽게 달라진다. 유치원에 다니기 시작한 날부터 고등학교를 졸업하는 순간까지 엄마는 아이의 일상과 특별활동, 학업에 깊이 관여하며 세심하게 지원한다. 숙제와 과제, 활동 참여, 시간 관리, 진로 선택까지 직접 챙기며 아이가 학교생활을 재미있고 성공적으로 마칠 수 있도록 돕는다. 미국에서는 이런 엄마를 흔히 '헬리콥터 맘(Helicopter Mom)'이라고 부른다. 아이가 가는 곳마다 그림자처럼 따라붙어 세세히 돌봐주는 모습에서 붙여진 이름이다.

 그러나 고등학교 시기와 대학 준비 과정에 들어서면 상황은 달라진다. 아이가 점점 사회적·정서적 독립심을 키워야 하기에 엄마도 조금씩 '해바라기 엄마'로 전환하게 된다. 해바라기가 태양을 따라 움직이듯 아이를 중심으로 바라보되, 꼭 필요할 때만 도움과 조언을 건네는 엄마 말이다. 낮 동안 줄기와 꽃봉오리가 태양을 따라 고개를 돌리듯 엄마는 아이의 성장과 변화를 주의 깊게 지켜보다가 알맞은 순간에 지원을 건넨다. 밤이 되어 다시 동쪽을 향해 아침을 준비하듯 엄마는 아이가 다음 선택과 도전을 맞이할 수 있도록 마음의 준비를 하고 기다려준다.

 해바라기가 꽃을 활짝 피운 뒤에는 한 방향으로 고정되듯이 아이가 성숙해 스스로 책임질 수 있는 단계에 이르면 이제 엄마는 한 발 물러서서 아이의 결정을 존중해 주어야 한다. 내가 바라는 '해바라기 엄마'는 단순히 멀찍이서 지켜보기만 하는 존재가 아니다. 아이가 독립성과 자기주도성을 키울 수 있도록 곁에서 지켜보며, 꼭 필요한 순간에는 현실적이고 실질적인 조언을 줄 수 있는 엄마다. 그렇게 할 때 아이는 시행착오 속에서도 스스로 고민하고 해답을 찾아가며, 책임감과 자기주도성을 키워갈 수 있다.

큰아이가 대학원서를 쓰던 시절이 떠오른다. 아이는 무려 16개의 대학에 지원하고 싶다고 했다. 대부분 아이들이 3~5곳 정도 지원하는 것과 비교하면 놀라운 숫자였다. 원서비만 해도 1,500달러가 넘었기에 당황스러웠지만 아이의 대답은 단호했다.

"내가 어느 대학까지 합격할 수 있는지 내 실력을 직접 확인해 보고 싶어."

그 마음을 막을 수 없었다. 결국 아이는 16곳에 지원했고, 그중 절반 이상에서 합격 통보를 받았다. 우주항공학과 전액 장학금을 제안한 학교도 있었지만 아이는 고민 끝에 노스캐롤라이나 주립대(North Carolina State University) 공과대학을 선택했다. 고등학교 10학년 때부터 이미 대학에서 일반학과 수업을 듣기 시작해 2년 과정을 마친 상태였기에 학교 프로그램에 익숙했고, 주 거주민 학자금 혜택(Instate rate)까지 받을 수 있었기 때문이다. 덕분에 학자금 대출 없이 졸업할 수 있었다. 지금도 상위권 GPA를 유지하며 대학원 진학을 준비하고 있다.

아이들을 키우며 깨달은 점은 부모의 태도도 해바라기처럼 태양을 따라 고개를 돌리듯 유연해야 한다는 것이다. '헬리콥터 맘'에서 '해바라기 맘'으로의 전환은 아이의 독립을 존중하면서도 곁에서 지켜보는 성숙한 역할의 변화다. 고등학생 둘째아이를 둔 엄마로서 나는 여전히 해바라기처럼 아이를 중심에 두되, 꼭 필요할 때만 조언자로 곁에 있으려 노력한다. 그것이야말로 아이의 건강한 성장을 돕는 가장 효과적인 방법이라고 믿기 때문이다.

엄마가 아이와 친구가 될 수 있는 시기

아이가 고등학교를 졸업하고 대학에 진학하면서 엄마의 역할은 보호자에서 조언자로 바뀌게 된다. 대학과 진로를 선택하는 과정에서 아이들은 많은 고민과 시행착오를 겪게 되는데 이때 엄마는 자신의 경험과 지혜를 바탕으로 현실적이고 실질적인 조언을 해줄 수 있다. 다만 결정은 어디까지나 아이가 스스로 내리도록 하고, 부모는 든든한 지원군의 역할을 유지하는 것이 중요하다.

대학, 전공, 진로, 재정과 관련된 정보는 학교 카운슬러나 선생님, 친구, 온라인 자료 등을 통해 미리 파악해 두었다가 필요할 때 아이에게 전해주는 것이 큰 도움이 된다. 대학에 들어간 아이들은 다양한 문화를 가진 친구들을 만나며 새로운 관점을 배우고 자신만의 가치관을 형성한다. 대부분의 미국 아이들은 대학 입학과 동시에 기숙사 생활, 재정 관리, 시간 관리 등 실질적인 독립을 경험하게 되며, 클럽 활동·스포츠·학생회·봉사활동 등을 통해 인간관계와 협업 능력을 키운다. 미국 부모들은 만 18세가 넘은 자녀에게는 가르치기보다는 이야기를 들어주며, 스스로 문제를 해결하도록 격려하고 꼭 필요할 때만 현실적인 조언을 건넨다.

전공 선택도 마찬가지다. 미국 대학에서는 특수학과를 제외하면 1~2학년 동안 다양한 과목을 수강하며 흥미와 적성을 탐색한 뒤 2학년에 전공을 결정한다. 이후 선택한 전공과 관련된 필수 과목과 프로젝트, 인턴십, 연구, 해외연수 등을 통해 본격적으로 진로를 준비한다. 이 과정에서 부모는 아이가 흥미와 적성을 바탕으로 스스로 선택할 수 있도록 존중해 주고, 필요할 때만 정보를 제공하는 것이 바람직하다.

이 시기는 엄마와 아이가 친구가 될 수 있는 소중한 시기다. 아이가 대학생활을 통해 성숙해지는 만큼 엄마 또한 새로운 여정을 시작할 수 있기 때문이다. 아이들은 학교생활과 클럽 활동, 친구들과 어울리는 시간으로 부모와 보내는 시간이 줄어든다. 그러나 부모는 자원봉사나 커뮤니티 활동을 통해 자신만의 사회생활을 이어가면서도 여전히 자녀에게 꾸준한 관심과 사랑을 표현한다. 혹여 실패를 경험하더라도 부모는 그것을 사회를 배우는 과정으로 받아들이며 끝까지 지지와 격려를 아끼지 않는다.

내가 아이들과 친구처럼 지낼 수 있었던 가장 큰 이유는 나 또한 학생이었기 때문이다. 아이들이 어릴 적 대학에 입학해서 큰아이가 대학 3학년이 되었을 때 나는 졸업을 할 수 있었다. 지난 10여 년의 대학 생활은 결코 헛되지 않았다.

 또 다른 이유는 우리 집의 8인용 식탁이었다. 아이들은 학교에서 돌아오면 습관처럼 식탁에 둘러앉아 숙제를 했고, 우리는 함께 배우며 학교 이야기와 고민을 나누었다. 모르는 것이 있으면 찾아보고 토론하면서 자연스럽게 대화가 이어졌다. 우리 집 식탁은 단순한 밥상이 아니라 가족의 학습과 대화 공간이었다.

 아이들과 가까워질 수 있었던 또 다른 비밀은 비디오 게임이었다. 나는 아이들과 함께 게임을 하며 시간을 보냈고, 오히려 아이들에게서 많은 기술을 배웠다. 놀라울 정도로 빠르게 배우는 아이들의 두뇌는 스펀지 같았다.

 큰아이가 대학 3학년이 되었을 때, 둘째는 고등학교 9학년에 진학했고, 나는 대학을 졸업했다. 지금은 예전처럼 숙제를 함께 할 시간은 줄었지만 지난 10여 년간 나눈 경험과 기억들은 대학 졸업장보다 더 값진 보물이 되었다. 작은아이는 여전히 집에 오면 학교 이야기와 클럽 활동 이야기를 한 시간 가까이 들려준다. 대학생이 된 큰아이와는 연애 고민까지 나누기도 한다. 이때는 엄마라기보다 인생 선배이자 친구로서 대화를 이어간다.

 어떨 때는 아이들의 설득력 있는 인생 상담에 내가 배울 때도 있다. 엄마의 자리는 아이의 성장에 따라 변한다. 아이가 성인이 되면 부모는 지지자와 조언자가 되고, 때로는 아이가 부모를 위로하고 격려하기도 한다. 결국 아이의 독립은 엄마에게도 새로운 출발점이다.

이 시기에 엄마는 자신을 되돌아보고, 새로운 인생 계획을 세우며 자신을 돌보는 시간을 맞이할 수 있다.

아이들을 먼저 밀어올린 손으로
오늘은 나를 들어 올린다.

밥해주는 엄마에서 커리어 가진 엄마 되기

다시 학생이 된 엄마

 아이들이 학교에서 돌아오면 "오늘은 어땠니? 친구들과는 즐거웠니? 어떤 숙제를 가지고 왔니?"를 묻는 것이 하루의 일과처럼 자연스러웠다. 그러나 어느 순간부터 아이들은 내 손을 벗어나 스스로 많은 것을 할 수 있게 되었고, 나에게 도움을 청하는 일도 점점 줄어들기 시작했다. 그룹 프로젝트가 있을 때면 친구들과 모여 아이디어를 내고 자료를 찾아 과제를 완성하는 아이들의 모습을 지켜보며 깨달았다.
 '이제는 나도 내 자신을 위한 새로운 길을 찾아야겠다.'
 하지만 막상 마음을 다잡고 보니, 내가 무엇을 할 수 있을까 하는 막연한 걱정이 먼저 찾아왔다.
 미국으로 처음 이민을 왔을 때 가장 큰 어려움은 역시 언어였다. 한국에 있을 때는 영어를 꽤 한다는 자신감이 있었지만 막상 미국 땅에 발을 디디니 짧은 영어 실력이 나를 소외감 속으로 밀어 넣었다. 다행히 아이들 아빠가 미국인이었기에 다른 이민자들보다 빨리 언어를 배울 수 있었지만 큰아이가 프리스쿨에 다닐 때만 해도 선생님과 나누는 대화는 늘 짧고 조심스러웠다. 다른 엄마들과 쉽게 어울리지 못했던 이유도 부족한 영어 실력이 늘 마음을 무겁게 만들었기 때문일 것이다.

그러던 어느 날, 아이가 세 살쯤 되었을 때였다. "아이에게 더 좋은 엄마가 되려면 내가 먼저 변해야 한다."는 생각이 들었다. 그 길로 Meredith College 여름학기 ESL 저녁반에 등록했고, 드라마와 뉴스를 보며 매일 영어에 귀를 익혔다. 케이크 데코레이션 자격증을 땄고, 공립학교 보조교사 자격증도 수료했다. 아이가 어리다는 이유로 강의실에 데리고 들어가야 했던 날도 있었지만 그 시간들조차 내겐 배움의 과정이었다.

큰아이가 킨더가든에 들어갔을 때 나는 룸 마더를 자청했다. 영어에 자신이 있어서가 아니라 오히려 부족했기 때문에 더 필요하다고 생각했기 때문이다. 이메일을 주고받고, 교사와 학부모로서 소통하는 과정이 내겐 최고의 영어 수업이 되었다. 집에서는 영어만 쓰다 보니 다른 이민자들보다 빠르게 언어 장벽을 넘어설 수 있었다. 그 경험은 다시 대학 진학으로 이어졌다. 돌이켜보면 대학에 입학한 선택은 정말 잘한 일이었다. 그것은 단순히 나만을 위한 공부가 아니라 아이들과의 연결고리가 되어주었기 때문이다.

엄마가 배우고 성장하는 모습을 보며 아이들은 스스로 숙제를 하고 자기 길을 찾아갔다. 내가 과제를 하고 시험을 준비하는 동안 아

성장의 순서가 바뀌었다.
이제 내가 배울 차례다.

이들은 옆에서 묵묵히 공부를 했고, 때론 성적 이야기를 함께 나누며 농담도 했다. 시간이 흐르며 아이들은 내 학교생활을 응원해 주었고, 그 과정에서 노력한 만큼의 결과가 따라온다는 사실을 자연스럽게 배웠다.

배움은 단순히 언어를 익히는 것에 머무르지 않았다. 온라인 강의가 발달한 요즘은 집에서도 학습할 수 있고, 앱으로 발음을 익히거나 자격증을 준비할 수도 있다. 아이들의 숙제를 함께 하는 것도 하나의 학습법이었다. 중요한 것은 결과보다 과정이었다. 그 과정 속에서 나는 더 단단해지고 풍요로워졌다. 그러나 엄마의 자리에서 벗어나 다시 '나'로 돌아가는 길은 쉽지 않았다. 너무 오랜 시간 아이들과 함께했고, 엄마라는 역할에 익숙해져 있었기 때문이다.

큰아이가 중학생일 때 우연히 대학 학장의 연설을 들은 경험이 지금의 나를 있게 했다. 젊고 당당한 흑인 여성 학장이 무대에서 이렇게 말했다.

"아침에 일어나면 스스로에게 말하세요. '너는 할 수 있어.'"

그날 이후 힘든 순간이 찾아올 때마다 나는 나 자신에게 속삭였다. '에이미, 넌 할 수 있어.'

또 다른 시작

미국 엄마들과 대화를 나누다 보면 자주 듣는 말이 있다.

"아이를 대학에 보낼 때까지 엄마의 노동시간은 24/7이다."

아이가 아프면 밤을 새우고, 등하굣길을 책임지고, 숙제와 프로젝트를 챙기고, 소풍 준비, 플레이 데이트, 스포츠, 음악·미술 활동, 인턴십과 봉사, 생일파티까지… 끝없는 리스트가 이어진다. 나 역시 오랫동안 '밥해주는 엄마'였다.

아이들이 학교에 간 사이 장을 보고 집안일을 하고 나면 어느새 픽업 시간이 다가왔다. 다운타운까지 왕복 40분, 두 아이를 태우고 돌아오면 오후가 저물어 있었다. 저녁을 함께 하고 숙제를 보조하며 하루를 마무리하는 일상이 반복되었다. 주말이면 태권도·피아노·생일 파티로 더 분주했다.

그러던 어느 날, 문득 생각이 스쳤다.

'아이들이 떠난 뒤 나는 무엇을 할까?'

가슴이 아려왔다. 그래서 결심했다. 직장생활을 다시 시작해 보자. 감사하게도 나는 한때 학생이었던 Meredith College에 취직할 수 있었다. 학생들의 교환학생 프로그램을 관리하는 행정 일을 맡았는데, 둘째가 초등학교 6학년, 큰아이가 여전히 고등학생일 때였다.

걱정도 컸다. 아이들을 챙기지 못하면 어쩌나 싶었다. 그러나 내 예상과 달리 아이들은 나를 응원해 주었고, 특히 대학에서 일하게 된 엄마를 자랑스러워했다. Meredith에서의 시간은 새로운 인생의 전환점이 되었다. 학문과 교육현장에서 학생들과 교류하며 나는 또 다른 방식으로 배움의 가치를 깨달았고 내 안의 성장이 이어졌다. 퇴근 시간이 비교적 이르고 재택근무도 가능해 가정과의 균형도 지킬 수 있었다.

  지금 나는 '밥해주는 엄마'에서 '커리어를 가진 엄마'로 한 걸음을 내딛고 있다. Meredith에서의 경험은 나에게 "할 수 있다"는 자신감을 심어주었고, 아들과 함께한 성장의 시간을 사회적 가치와 나의 커리어로 이어가는 길을 열어주었다.

  미국에 처음 발을 디뎠을 때는 상상도 하지 못했던 배움과 도전의 기회를 스스로 찾아 실행하기 시작하면서 나는 어느새 더 행복하고 자신감 있는 엄마, 그리고 한 사람의 사회인으로 성장하고 있었다. 그래서 아이들에게 가끔 이렇게 말해 준다.

  "배움은 끝이 없는 여정이란다."

부모에게도 선생님이 필요하다.
그렇게 사제는 두 손을 마주 잡는다.

Epilogue

 시간은 어느새 강물처럼 흘러 아이들은 훌쩍 자라 나를 앞질러가기 시작했다. 어릴 적에는 내 손길 없이는 잠시도 버티지 못하던 아이들이 이제는 스스로 문제를 해결하며 자기만의 색깔과 목소리를 내기 시작했다. 그 뒷모습을 바라볼 때마다 안도와 그리움이 교차하는 이유는 이제 더 이상 엄마로서 길을 앞서 이끌어주는 존재가 아니라 멀리서 마음으로 응원해 주어야 한다는 사실을 받아들이기 때문일 것이다.

 글러클의 일기에는 엄마로서 아이들이 현명하고 겸손하며 성실한 사람으로 자라도록 돕는 이야기가 세밀하게 기록되어 있다. 14명의 아이를 키우며 사업과 가정, 교육을 동시에 감당해낸 그녀의 삶은 내게 깊은 울림이 되었다. 작은 체구에도 불구하고 큰 생애를 살아낸 그녀의 이야기는 내 마음속에 희망의 씨앗을 심어주었고, 언젠가 나 역시 내가 걸어온 발자취를 글로 남기고 싶다는 소망을 품게 했다. 회고록 속 그녀를 향한 아이들의 사랑과 존경은 고통과 아픔을 이겨내며 길어 올린 귀한 보석 같았다. 그리고 감사하게도 지난 22

년간의 미국 생활 속에서 아이들과 함께한 경험을 기록으로 남길 수 있었다.

　내가 아이들에게 바랐던 것은 단순히 학교 성적만이 아니다. 사회 속에서 존중받고 협력하며 성숙한 사람으로 자라나기를 원했다. 큰아이가 초등학교에 입학할 무렵 미국 대학들이 성적뿐 아니라 창의력·사회성·끈기를 종합적으로 본다는 사실을 알게 되었고, 그때부터 아이가 좋아하는 것을 중심으로 교육 방향을 잡아주며 대학 진학까지 지켜봐 주었다. 큰아이는 세 살 무렵부터 그림을 그렸고, 둘째는 TV 채널 속 이야기를 연극처럼 따라하기를 좋아했다. 아이들이 자라는 동안 나는 그들이 세상을 밝게 바라보고 현명한 길을 선택할 수 있도록 옆에서 응원했다. 엄마와 자식의 관계를 넘어 친구 같은 관계로 남고 싶었기에 많은 대화를 나누며 서로의 길을 함께 걸었다.

　나 역시 아이들을 통해 다시 배움의 길로 나아갈 수 있었다. 메리딧 대학(Meredith College)에서 영문학을 전공하던 시절은 내 인생의 큰 도전이자 성장기였다. 아이를 데리고 강의실에 들어가야 했던 날도 있었지만 한 학기에 한 과목씩 수업을 들으며 쌓아간 성취는 내 삶을 바꾸는 전환점이 되었다.

　이후 노스캐롤라이나 주립대(North Carolina State University)로 편입해 역사와 리더십을 전공했는데, 이는 단순히 학위를 받기 위해서가 아니라 아이들과 학교생활을 공유하기 위함이었다. 엄마가 배우고 도전하는 모습을 보며 아이들 또한 스스로의 미래를 설계하기 시작했다. 그래서 나는 아이들의 독립을 끝이 아닌 또 다른 시작이라고 말하고 싶다.

큰아이를 대학에 보내고 둘째의 고등학교 과정을 함께하며 나 또한 새로운 출발을 하게 되었다. 그 경험을 바탕으로 시작한 Bisset Study Abroad는 단순한 유학 프로그램이 아니라, 내가 22년간 엄마이자 학생, 직장인, 이민자로 살아오며 쌓은 경험 전체를 담은 여정이다. 아이들을 키우며 얻은 인내와 끈기, 대학과 사회에서 배운 지식과 경험, 문화적 도전 속에서 길어낸 깨달음은 모두 나만의 자산이 되었고, 이제는 미래 세대를 위한 밑거름이 되고자 한다.

지난날을 돌아보며 배운 것은 분명하다. 배움은 삶을 확장하는 문이고, 도전은 자신을 발견하는 길이라는 것. 그래서 나는 새로운 환경 속에서 자신을 발견하고, 세계를 바라보는 눈을 넓히며, 앞으로의 길을 주체적으로 선택할 수 있도록 돕는 여정을 이어가려 한다. 내가 그랬던 것처럼 언어와 문화의 벽 앞에서 막막함을 느끼는 이들에게 용기와 방향을 나누어주고 싶기 때문이다.

이 책의 마지막 장을 덮으며 처음 미국에 도착했던 날을 떠올린다. 랄리의 고요한 일상은 처음엔 긴 휴가 같았지만 곧 답답함과 외로움으로 다가왔다. 서울의 분주한 리듬에 익숙했던 나는 작은 도시의 느린 삶에 적응하며 낯선 가치관과 부딪혀야 했다. 그러나 그 모든 경험은 결국 새로운 길을 열어주었다. 베이킹, 바느질, 그림, 미니어

처 인형집 만들기, 그리고 주립대학 졸업까지. 작은 도전들이 모여 산을 이루었고, 그 위에서 나는 엄마이자 한 개인으로서의 나를 조금씩 찾아갔다.

 아이들에게 장난감을 나누는 법, 남의 물건을 허락받고 사용하는 법, 타인을 배려하는 법을 가르치며 나 역시 언어와 문화를 배우고 낯선 사회 속에서 살아가는 법을 익혔다.

 내가 살아온 이야기가 누군가의 새로운 시작에 작은 용기와 위로가 된다면 그것만으로도 내 여정은 의미를 다한 것이다.

미국에서 내 아이 잘 키우기

발행일 2025년 11월 20일
지은이 에이미 비셋 (Amy Bisset)
펴낸곳 아임스토리(주)
펴낸이 남정인
출판등록 2021년 4월 13일 제2025-000053호
주소 서울특별시 성동구 광나루로 286, 아인빌딩 9층
전화 02-516-3373
팩스 0504-037-3378
전자우편 im_book@naver.com
홈페이지 www.im-story.com

ⓒ Amy Bisset
*저자와 출판사의 동의 없이 내용의 일부를 인용하거나 발췌하는 것을 금합니다.
*잘못된 책은 바꾸어 드립니다. 값은 뒤표지에 표시되어 있습니다.

ISBN 979-11-994285-3-9